Kohlhammer

Die Autorin

Dr. Brita Schirmer ist Dipl.-Pädagogin, Dozentin und Fachbuchautorin. Seit 1992 ist sie schwerpunktmäßig mit dem Thema Autismus befasst. Sie leitet seit 1997 eine Elterngruppe, arbeitet im Bereich Fort- und Weiterbildung und macht Fachberatungen.

Brita Schirmer

Glücklich leben mit Autismus

49 Fragen für Eltern,
Therapeuten, Pädagogen
und andere Lebensbegleiter

Verlag W. Kohlhammer

Dieses Werk einschließlich aller seiner Teile ist urheberrechtlich geschützt. Jede Verwendung außerhalb der engen Grenzen des Urheberrechts ist ohne Zustimmung des Verlags unzulässig und strafbar. Das gilt insbesondere für Vervielfältigungen, Übersetzungen und für die Einspeicherung und Verarbeitung in elektronischen Systemen.

Die Wiedergabe von Warenbezeichnungen, Handelsnamen und sonstigen Kennzeichen berechtigt nicht zu der Annahme, dass diese frei benutzt werden dürfen. Vielmehr kann es sich auch dann um eingetragene Warenzeichen oder sonstige geschützte Kennzeichen handeln, wenn sie nicht eigens als solche gekennzeichnet sind.

Dieses Werk enthält Hinweise/Links zu externen Websites Dritter, auf deren Inhalt der Verlag keinen Einfluss hat und die der Haftung der jeweiligen Seitenanbieter oder -betreiber unterliegen. Zum Zeitpunkt der Verlinkung wurden die externen Websites auf mögliche Rechtsverstöße überprüft und dabei keine Rechtsverletzung festgestellt. Ohne konkrete Hinweise auf eine solche Rechtsverletzung ist eine permanente inhaltliche Kontrolle der verlinkten Seiten nicht zumutbar. Sollten jedoch Rechtsverletzungen bekannt werden, werden die betroffenen externen Links soweit möglich unverzüglich entfernt.

1. Auflage 2022

Alle Rechte vorbehalten
© W. Kohlhammer GmbH, Stuttgart
Gesamtherstellung: W. Kohlhammer GmbH, Stuttgart

Print:
ISBN 978-3-17-039500-8

E-Book-Formate:
pdf: ISBN 978-3-17-039501-5
epub: ISBN 978-3-17-039502-2

Für Gerrit, der das Glück nicht finden konnte

Inhalt

Einleitung		**11**
1. Frage: Warum gibt es dieses Buch?		11

1   Glück und Lebenszufriedenheit   14

2. Frage: Unterscheiden sich Glück und Lebenszufriedenheit?   15
3. Frage: Kann man Glück und Lebenszufriedenheit überhaupt untersuchen?   16
4. Frage: Was passiert im Körper, wenn man glücklich ist?   17
5. Frage: Warum können Menschen glücklich sein?   18
6. Frage: Ist jeder seines Glückes Schmied?   18
7. Frage: Was bestimmt für die meisten Menschen Glück und Lebenszufriedenheit?   20
8. Frage: Wer kann entscheiden, wie glücklich jemand ist?   21
9. Frage: Warum sind einige Menschen glücklicher und zufriedener als andere?   22
10. Frage: Gewöhnt man sich ans Glück?   23

2   Autismus   25

11. Frage: Wozu braucht man die Kategorie Autismus?   25
12. Frage: Wie kam es zur Bezeichnung?   26
13. Frage: Ist Autismus eine Störung oder eine Identität?   27
14. Frage: Unterliegt das Verständnis vom Autismus dem Zeitgeist?   28
15. Frage: Was versteht man heute unter einer Autismus-Spektrum-Störung?   30
16. Frage: Gibt es immer mehr Menschen im Autismus-Spektrum?   30
17. Frage: Leiden Menschen unter ihrem Autismus?   31
18. Frage: Haben Menschen im Autismus-Spektrum häufiger psychische Störungen als neurotypische?   32
19. Frage: Wie diagnostiziert man Autismus?   33

20. Frage: Können Menschen im Autismus-Spektrum überhaupt Glück und Zufriedenheit empfinden?	34
21. Frage: Warum könnte ihr Glücks- und Zufriedenheitsempfinden eingeschränkt sein?	35
22. Frage: Schützt Autismus vor Unzufriedenheit?	37

3 Glück, über die Lebensspanne von Menschen im Autismus-Spektrum betrachtet — 39

23. Frage: Machen Kinder im Autismus-Spektrum ihre Eltern glücklich und zufrieden?	39
24. Frage: Können Eltern ihre Kinder in jedem Moment und uneingeschränkt lieben?	46
25. Frage: Brauchen zufriedene Kinder zufriedene Eltern?	48
26. Frage: Was belastet Eltern im Alltag besonders?	50
27. Frage: Ist der Autismus ein Risikofaktor für die Bindung zwischen Eltern und Kind?	57
28. Frage: Was hat Erziehung mit Glück zu tun?	61
29. Frage: Machen Stereotypien glücklich und zufrieden?	67
30. Frage: Machen Spezialinteressen glücklich und zufrieden?	71
31. Frage: Machen Routinen glücklich und zufrieden?	73
32. Frage: Was hat Kommunikationsförderung mit Glück zu tun?	75
33. Frage: Was hat Impulskontrolle mit Glück zu tun?	79
34. Frage: Was hat emotionale Regulation mit Glück zu tun?	83
35. Frage: Sind Kinder im Autismus-Spektrum im Kindergarten glücklich?	89
36. Frage: Was hat die Schule mit Glück zu tun?	92
37. Frage: Welche Rolle spielen Therapie und Unterstützung?	98
38. Frage: Machen die Gleichaltrigen auch Jugendliche im Autismus-Spektrum glücklich?	102
39. Frage: Bald erwachsen: Macht die Adoleszenz Heranwachsende im Autismus-Spektrum glücklich?	106
40. Frage: Haben Adoleszente das Glück, besonders schnell zu lernen?	108
41. Frage: Welcher Umgang mit digitalen Medien macht glücklich?	112
42. Frage: Macht Selbstbestimmung glücklich?	118
43. Frage: Wie können Menschen im Autismus-Spektrum eine befriedigende Sexualität entwickeln?	120

44. Frage: Wie gelingt eine gute Ablösung von den Eltern? 126
45. Frage: Ist weniger Stress zugleich mehr Zufriedenheit? 130
46. Frage: Welche Rolle spielen soziale Beziehungen für das Glück von erwachsenen Menschen im Autismus-Spektrum? 131
47. Frage: Macht die Arbeit Menschen im Autismus-Spektrum glücklich? 134
48. Frage: Wie kann die Freizeitgestaltung ein glückliches Leben unterstützen? 141
49. Frage: Wie wohnen glückliche Menschen im Autismus-Spektrum? 144

Literatur **149**

Einleitung

1. Frage: Warum gibt es dieses Buch?

> »Tim ist so, wie er ist. Wir können das nicht ändern. Wir müssen einfach das Beste daraus machen und versuchen zu gucken, dass er so glücklich wie möglich ist und dass er ein so gutes Leben hat, wie wir das nur einfach schaffen können« (Schirmer & Alexander, 2015, S. 105f.), schreibt die Mutter eines Sohnes im Autismus-Spektrum.

Was wünschen sich Eltern für ihre Kinder? Lehrer[1] für ihre Schüler? Häufig wird es ein glückliches oder zufriedenes Leben sein. Aber begleiten wir auch Menschen im Autismus-Spektrum mit dieser Zielsetzung? Richten wir unsere Bemühungen danach aus, dass sie glücklich und zufrieden sind?

Allzu lange wurde der Fokus ganz ausschließlich auf ihre Schwierigkeiten gelegt oder sind komorbide Störungen behandelt worden. Man ist davon ausgegangen, der Schlüssel zu einem gelingenden Leben bestünde darin, zu fördern und Schwächen auszugleichen. Das ist ohne Frage auch wichtig. Doch es reicht nicht.

Letztlich versuchen alle Menschen, ein Leben zu führen, das gut für sie ist. So fühlen sie sich wohl. Emotionales Wohlbefinden ist nicht nur Lebensqualität. Es hat auch positiven Einfluss auf Gedanken, Handlungen und Lernfähigkeit (Kandel, 2018, S. 114). Glückliche Menschen sind gesünder, leben länger, können Stress besser bewältigen, flexibler denken und sich sozialer verhalten (Bucher, 2009, S. 136ff.).

Ein gutes Leben ist eines in Übereinstimmung mit den eigenen Fähigkeiten und Bedürfnissen. Menschen im Autismus-Spektrum sind im Allgemeinen in vielen Bereichen ihres Lebens stärker fremdbestimmt als Neurotypische[2]. Das beginnt mit der Wahl der Schule und reicht bis zu dem Ort, an dem sie als Erwachsene wohnen.

---

1 Aus Gründen der besten Lesbarkeit wird die männliche Form verwendet, auch wenn beide Geschlechter gemeint sind.
2 Als *neurotypisch* werden Menschen bezeichnet, die nicht im Autismus-Spektrum sind.

Einleitung

Die Gefahr, dass ihre Lebensbegleiter bei Entscheidungen von ihren eigenen Empfindungen ausgehen, ist groß. So kann es zu Fremdnormierungen kommen, die die Lebensqualität des Menschen im Autismus-Spektrum beeinträchtigen, wenn diese nämlich ganz andere Bedürfnisse hätten. Nicht immer können Menschen im Autismus-Spektrum mitteilen, was sie sich wünschen und oft lassen sich ihre Wünsche auch nicht erfüllen. Und manchmal kennen sie ihre eigenen Vorlieben auch gar nicht.

Ein Ziel der Lebensbegleitung von Menschen im Autismus-Spektrum muss deshalb darin bestehen, dass sie ihre eigenen Bedürfnisse kennenlernen und erkennen, was ihnen guttut. Sie sollten sich ein Leben so einrichten können, dass ihre Stärken zum Tragen kommen und sie nicht vor allem an ihren Schwierigkeiten gemessen werden. Unnötige psychosoziale Belastungen müssen reduziert und wenn möglich vermieden werden. Menschen im Autismus-Spektrum brauchen oft Hilfe dabei, erstrebenswerte Lebensperspektiven zu entwickeln und aufrechtzuerhalten. Dies ist auch ein Aspekt von »Chancengleichheit« (Csikszentmihalyi & Csikszentmihalyi, 1991, S. 394).

Doch wie sieht ein lebenswertes Leben für Menschen im Autismus-Spektrum überhaupt aus? Brauchen sie andere, besondere Umstände, damit es gelingt? Wie genau kann man sie als Lebensbegleiter gut unterstützen?

Menschen im Autismus-Spektrum wünschen sich, wie anderen Menschen auch, scheinbar banale Dinge für ihr Lebensglück: Wertschätzung, befriedigende soziale Beziehungen, Arbeit, Gesundheit und möglichst selbstbestimmtes Wohnen.

Die Vorstellungen von einem zufriedenen Leben sind in unterschiedlichen Lebensabschnitten verschieden. Viele Jugendliche im Autismus-Spektrum wollen sich anpassen, unauffällig und wie alle anderen sein. Im Erwachsenenalter hingegen reift in ihnen oft die Erkenntnis, dass das eine übermäßige Anstrengung darstellt und sie suchen ein Lebensmodell, das zu ihnen passt. Sie wollen ihren eigenen Bedürfnissen folgen.

In diesem Buch werden Anregungen für die Unterstützung von Menschen im Autismus-Spektrum gegeben, damit diese ein möglichst gutes, zufriedenes Leben mit vielen glücklichen Momenten führen können. Ohne Zweifel wird das immer individuell bestimmt werden müssen, denn Menschen im Autismus-Spektrum sind so verschieden, wie Menschen eben verschieden sind.

Deshalb sollten Sie auch keine Rezepte erwarten. Ich kann nur zum Nachdenken anregen. Es ist nicht einmal mein Ziel, dass Sie als Leser mit allem einverstanden sind, was ich schreibe.

Zum einen glaube ich nicht, dass es nur eine Wahrheit gibt. Ganz unterschiedliche Sichtweisen können wahr sein. Ich präsentiere hier meine.

Zum anderen müssen Sie darüber nachgedacht haben und ich hoffe, Sie finden im Ergebnis Ihrer Überlegungen bessere Wege als die, die ich vorgeschlagen habe.

Im ersten, kurzen Kapitel wird in das Thema *Glück und Zufriedenheit* eingeführt. Auf dieser Grundlage werden einige Ausführungen, die sich speziell auf Menschen im Autismus-Spektrum beziehen, vielleicht besser verständlich sein.

Im zweiten Kapitel geht es um den Autismus im Zusammenhang mit Glück und Zufriedenheit. Gibt es spezielle Widerstände, die diese Menschen überwinden müssen, um glücklich zu sein? Können sie überhaupt Glück und Zufriedenheit empfinden? Das sind zwei der Fragen, die in diesem Kapitel beantwortet werden sollen.

Im dritten Kapitel dann werden – ausgehend vom Lebensverlauf eines Menschen – Überlegungen angestellt, wie man Bedingungen für ein zufriedenes Leben von Menschen im Autismus-Spektrum schaffen kann. Hier werden konkrete Ideen entwickelt, wie man die Lebensbedingungen eines Menschen im Autismus-Spektrum so gestalten kann, dass er glücklich wird und zufrieden lebt. Solche Vorschläge werden unter der Überschrift *Was hilft?* zusammengefasst.

Das Kapitel beginnt mit der Begleitung der Eltern, denn es ist wahrscheinlicher, dass glückliche Eltern ein glückliches Kind haben als unglückliche. Und es endet im Nachdenken darüber, welche Wohnkonzepte Menschen im Autismus-Spektrum glücklich und zufrieden machen.

Es sind nicht alle Überlegungen bis zu Ende gebracht und nicht alle Details vollständig berücksichtigt. Aber es ist immer einfacher, einen ersten Entwurf zu verbessern als den ersten zu wagen. Also dann, liebe Leser, verbessern Sie meine Ideen und nehmen Sie sich als Anregung, was Ihnen nützlich erscheint.

Ein großes Dankeschön an Andreas Gahl, Anke Lüth, David Meili sowie Ines und Lars Niemann für ihre Korrekturen und Anmerkungen.

1

Glück und Lebenszufriedenheit

> »Was macht uns glücklich? Glücklich macht, wenn wir der schlechten Laune ein Schnippchen schlagen, dem Trübsinn die lange Nase zeigen oder ein Unglück abwenden konnten. Wenn wir plötzlich der Liebe begegnen – und die Liebe bleibt. Wenn Freunde Freunde sind, wenn man sie am nötigsten hat.« (Paul, 2016, Klappentext)

Glück und *Lebenszufriedenheit* sind Begriffe, die zur Alltagssprache gehören. Man sagt: »Da habe ich aber Glück gehabt!«, »Ich bin mit meinem Leben ganz zufrieden«, »Und sie lebten glücklich und zufrieden bis an ihr Lebensende.«

Doch wenn man sie zu definieren versucht, stellt man fest, dass dies gar nicht einfach ist. Es ist deshalb auch nicht davon auszugehen, dass alle Menschen tatsächlich das Gleiche unter Glück und Lebenszufriedenheit verstehen (Hommen, 2019, S. 21).

Mindestens drei verschiedene Inhalte können mit dem Glücksbegriff gefasst werden:

- Es kann ein zufälliges Ereignis sein, das kurzfristig positive Emotionen auslöst, wie z. B. der Fund eines Geldstückes auf der Straße oder die durch einen unvorhersehbaren Umstand gerade noch erreichte Straßenbahn. Als kurzfristiges Hochgefühl ist es im unmittelbaren Erleben verortet, im Jetzt.
- Mitunter wird aber auch ein innerer Zustand wie beim Verliebtsein oder der Moment der Hingabe und Versenkung in eine Tätigkeit darunter verstanden (Hommen, 2019, S. 19).
- Schließlich kann noch die längerfristige Lebensbilanz darunter verstanden werden (»Ein glückliches Leben«).

Das Deutsche macht die Unterscheidung zwischen Glück und Zufriedenheit besonders schwer, weil es begrifflich nicht differenziert. In anderen Sprachen wie z. B. dem Englischen ist man genauer und unterscheidet »Glück haben« (»be lucky«) vom »glücklich sein« (»happiness«) (Klein, 2018, S. 25).

Dieses Definitionsproblem findet sich nicht nur in der Alltagssprache, sondern auch in der Forschung. In der Literatur werden die Begriffe *Glück* und *Lebenszufriedenheit* z. T. synonym gebraucht, z. T. auch voneinander unterschieden, aber aufeinander bezogen.

2. Frage: Unterscheiden sich Glück und Lebenszufriedenheit?

> »Glück verhält sich zur Zufriedenheit wie die Szenen eines Kinofilms zu einer Filmkritik, die in wenigen Worten ein Urteil über den Streifen abgibt.« (Klein, 2018, S. 27)

Wie von Stefan Klein werden Glück und Lebenszufriedenheit oft als unterschiedliche Konzepte verstanden. Glück bezeichnet dann einen kurzfristigeren positiven emotionalen Zustand.

Unter Lebenszufriedenheit versteht man demgegenüber eine länger anhaltende positive Bewertung des Lebens (Bucher, 2009, S. 10). Es handelt sich um das Ergebnis von Erinnerung und Bewertung. Zufriedenheit umfasst dabei mehr als die Abwesenheit von Unzufriedenheit. Sie beruht eher auf der Einschätzung, das Richtige im Leben getan zu haben. Zufriedenheit ist eine positive Bilanz (Klein, 2018, S. 26). Bereits die antiken Philosophen kannten dieses Konzept und nannten es »Eudaimonie«. Es gibt demnach kein zufriedenes Leben an sich. Es wird erst im Auge des Bewerters dazu.

In diesem Buch schließe ich mich dieser Auffassung an. Unter »Glück« wird die Momentaufnahme verstanden, »Zufriedenheit« hat die längere Perspektive im Blick.

3. Frage: Kann man Glück und Lebenszufriedenheit überhaupt untersuchen?

Das ist eine kontrovers diskutierte Frage. Einige Wissenschaftler, vor allem aus der Positiven Psychologie, bejahen das, andere lehnen es als unwissenschaftlich ab (Cabanas & Illouz, 2019).

Glück und Lebenszufriedenheit waren lange kaum von Forschungsinteresse. Es schien keine Notwendigkeit dafür zu geben. Die Klinische Psychologie konzentrierte sich vor allem auf die Psychopathologie, auf Störungen, Symptome, Einschränkungen etc. Positive Zustände, wie Glück und Lebenszufriedenheit interessierten zunächst kaum. So wurden im Zeitraum von 1887 bis 1999 Depressionen zwanzigmal häufiger erforscht als Glück und Lebenszufriedenheit (Bucher, 2009, S. XIf.).

Erst seit Ende der 1980er bzw. Anfang der 1990er wurden angenehme Gefühle als Ressource für die Gesundheit erkannt. Man begann sich dafür zu interessieren, warum einige Menschen auch unter widrigen Lebensumständen keine Störungen entwickelten. Die Glücksforschung gewann an Bedeutung (Bellebaum, 2002, S. 9). Enormen Einfluss auf diese Entwicklung hatte die von Seligmann begründete Positive Psychologie. Sie suchte nach Methoden, Glück und Lebenszufriedenheit wissenschaftlich untersuchen zu können (Seligman, 2015).

Die rasant zunehmende Bedeutung des Strebens nach individuellem Glück stellt den Sieg der individualistischen über die kollektivistische Gesellschaft dar. Das Recht auf Glück für den Einzelnen und die individuelle Möglichkeit, es zu erreichen, wurden zunehmend wichtiger (Cabanas & Illouz, 2019). Derzeit findet man eine Flut von Ratgebern in den Regalen der Bibliotheken und Buchhandlungen, die dem Leser helfen sollen, glücklicher zu leben. Es ist eine regelrechte Glücksindustrie entstanden.

Seit 2008 haben viele Länder systematisch begonnen, Glück und Lebenszufriedenheit ihrer Bürger zu erfassen (Cabanas & Illouz, 2019). Im Jahre

2012 erschien der erste *World Happiness Report*[3]. Hier werden 158 Staaten danach verglichen, wie glücklich sich ihre Bewohner fühlen.

Jahrzehntelange Untersuchungen haben gezeigt, dass Menschen die Frage nach ihrer Lebenszufriedenheit über lange Zeiträume hinweg immer sehr ähnlich beantworten (Klein, 2018, S. 27).

Doch wie kann man das ermitteln? Zufriedenheit lässt sich nur erfragen. Es ist ja eine Bilanz, also eine Denkleistung. Man kann sie deshalb nicht anders messen. Beim Glück ist das zum Teil einfacher.

4. Frage: Was passiert im Körper, wenn man glücklich ist?

Antonio Damasio, ein portugiesischer Neurowissenschaftler, unterscheidet Emotionen von Gefühlen. Als Emotionen bezeichnet er die körperlichen Reaktionen auf eine Wahrnehmung oder Vorstellung. Diese körperlichen Reaktionen werden vom Zentralen Nervensystem ausgelöst. Neurologische Strukturen, man bezeichnet sie als *dopaminerges Belohnungssystem* (Bucher, 2009, S. 207), schütten Endorphine und Neurotransmitter, wie Dopamin und Serotonin, aus. Sie lösen angenehme Empfindungen aus und führen dazu, dass Pulsschlag, Blutdruck, Glukoseverbrauch und Hauttemperatur steigen (Klein, 2018, S. 26) und ihren Ausdruck in der Mimik und Körpersprache eines Menschen finden. Daraufhin erfolgt die Ausschüttung eines dämpfenden Botenstoffes, Gamma-Aminobuttersäure (GABA). Er führt dazu, dass man sich angstfrei, wohlig müde und entspannt fühlt (Lipton, 2015, S. 133). Diese Körperreaktionen – also die Emotionen – kann man messen.

Gefühle sind Damasios Ansicht nach die Ergebnisse der Wahrnehmung und Interpretation dieser Körperzustände (Damasio, 2003, S. 37ff.). Diese Prozesse sind wieder schwieriger zu erfassen.

Um glücklich sein zu können, müssen also sowohl bestimmte Vorgänge im Körper ablaufen, diese zugleich aber auch von einem Menschen wahrgenommen und als Glücklichsein interpretiert werden können.

---

3 http://worldhappiness.report

5. Frage: Warum können Menschen glücklich sein?

Vielleicht erwarten Sie eine romantische Antwort. Doch sie ist ziemlich nüchtern: Glück ist vor allem eine Entscheidungshilfe.

Alles, was sich gut anfühlt, wiederholen wir gern. Glück empfinden zu können ist kein evolutionär entwickelter Luxus, sondern hilft dem Menschen auszuwählen, was er tun soll. Seine Erinnerung an die angenehmen Gefühle, die er in bestimmten Situationen hatte, veranlassen ihn, diese Situationen wieder und wieder aufzusuchen bzw. bestimmte Tätigkeiten erneut auszuführen.

Glücksgefühle belohnen damit u. a. Verhaltensmuster, die für die Arterhaltung von großer Bedeutung sind, wie die Nahrungsaufnahme und den Geschlechtsverkehr. Aber auch Ausdauersport oder das Erreichen langgehegter Ziele kann zur Ausschüttung der beschriebenen chemischen Substanzen führen. Letztlich ist das Glücksgefühl also kein Selbstzweck, sondern dient dem Überleben (Schymanski, 2015, S. 135).

Dass Glücksgefühle zumindest vorübergehend auch von vielen Drogen freigesetzt werden, führt einige Menschen langfristig in großes Unglück.

6. Frage: Ist jeder seines Glückes Schmied?

»Wat den Eenen sin Uhl', ist den Annern sin Nachtigall.«

Das durch Fritz Reuter im 19. Jahrhundert bekannt gewordene niederdeutsche Sprichwort bestätigt, dass Vorlieben unterschiedlich sind. Ist das Streben nach Glück und Zufriedenheit überhaupt universell? Oder nur einem Teil aller Menschen gemein? Worin bestehen Unterschiede im Glücksstreben?

Tatsächlich konnte nachgewiesen werden, dass Glück und Lebenszufriedenheit sowohl kulturabhängige als auch universelle Aspekte umfassen. Beginnen wir mit den kulturabhängigen Variablen. Unterschiedliche Kulturen, sogar verschiedene Generationen oder Gruppen einer Kultur, gewichten einzelne Aspekte des Lebens, wie Familie, Gemeinschaft, Religion, gesellschaftliches Engagement oder Arbeit unterschiedlich. Deshalb haben diese auch einen unterschiedlichen Stellenwert in der Bewertung des eigenen Lebensentwurfs. In Kulturen, in denen die Gruppe einen besonderen Wert hat,

hat das Wohl der Gemeinschaft einen größeren Einfluss auf das Glücksempfinden. In westlichen Ländern sind es eher individuelle Faktoren (Bucher, 2009, S. 12).

Und während z. B. insbesondere von älteren Menschen in der Bundesrepublik die Einschätzung, viel gearbeitet zu haben, sehr positiv bewertet wird, kann es in Mexiko durchaus passieren, dass ein Tortilla-Bäcker seinen Laden schließt, wenn er für den Tag genug verdient hat. Mehr zu arbeiten erachtet er nicht als erstrebenswert. Es macht ihn nicht zufriedener.

Letztlich ist das, was den Einzelnen glücklich und zufrieden macht, sogar individuell verschieden. Der eine lebt lieber in einer Wohngemeinschaft, die andere in einem Eigenheim. Der eine wünscht sich Urlaub am Meer, der andere wandert lieber im Gebirge. Es gibt weder verordnetes Glück noch Lebensumstände, die alle Menschen gleichermaßen zufrieden machen.

Sich selbst gut zu kennen, d. h. zu wissen, was einen glücklich werden lässt, aber auch, was Stress verursacht, macht es deshalb einfacher, ein gutes Leben zu führen. Im Sinne des Glücksstrebens bedeutet das, dass ein Mensch herausfinden muss, wie er aus seinen Anlagen das Beste machen kann. Das bedeutet einen Lebensort, - umstände und Aufgaben zu finden, die ihn glücklich und zufrieden machen und zu vermeiden, was stark belastet und vermeidbar ist (von Hirschhausen, 2009, S. 60). Eine notwendige Voraussetzung dafür ist aber, dass die Person grundsätzlich schöne Dinge und positive Erfahrungen wahrnehmen kann.

Zugleich aber darf man die anderen nicht vergessen. Menschen sind darauf angewiesen, als Gruppe zusammenzuleben. Damit das gelingt, müssen sie auch Teamplayer sein. Nicht unter allen Umständen stellt das eigene Glück den höchsten Wert dar. Es gibt viele Situationen, in denen man etwas tun muss, was einen selbst vielleicht nicht glücklich oder zufrieden macht, dafür aber einen anderen. Oder wodurch die Gruppe ein Ziel erreichen kann. Es ist wie beim Fußball: Nicht alle Spieler sollten versuchen, ein Tor zu schießen. Es muss auch Spieler geben, die eine Vorlage geben.

Die eigene Verantwortung für das Glück kann eine Bürde sein. Der Ruf danach könnte zu dem Schluss verleiten, wer unglücklich ist, sei selbst schuld. So einfach ist es aber nicht (Cabanas & Illouz, 2019). Es gibt Krankheiten aber auch gesellschaftliche Bedingungen, die es schwer oder unmöglich machen, ein glückliches Leben zu führen. Zumindest letztere kann man verändern. Genau hier soll in diesem Buch angesetzt werden.

7. Frage: Was bestimmt für die meisten Menschen Glück und Lebenszufriedenheit?

Doch über die in der Beantwortung der 6. Frage angesprochenen Unterschiede hinaus gibt es kulturunabhängige Gemeinsamkeiten. Zunächst einmal sind Glück und Zufriedenheit, so unterschiedlich sie definiert sein mögen, in allen Kulturen erstrebenswert.

Der amerikanische Psychologe Martin Seligmann beschreibt mit der Abkürzung PERMA wichtige Glücksfaktoren, die für viele Menschen bedeutsam zu sein scheinen:

- **P**leasure steht für Vergnügungen, wie Essen, Sex oder ein warmes Bad.
- **E**ngagement ist gleichbedeutend mit einem Zustand, der auch als »Flow« bezeichnet wird. Er wird gleich noch genauer erklärt.
- **R**elationship verweist auf die Bedeutung guter Beziehungen.
- **M**eaning meint, dass man etwas tut, das man für sinnvoll erachtet.
- **A**ccomplishments heißt, man hat Ziele erreicht (Seligman, 2015, S. 45).

Sicher wird man alle diese Faktoren noch einmal individuell gewichten müssen. Nicht alle Menschen haben Vergnügen an einem warmen Bad. Es lohnt sich aber zu überlegen, welche Aktivitäten bei einer Person angenehme Gefühle auslösen.

Als »Flow« bezeichnet man das Versinken in einer Tätigkeit, in der man Raum und Zeit vergisst. Man hat nicht den Wunsch, etwas anderes zu tun (Csikszentmihalyi & Csikszentmihalyi, 1991, S. 284). Im Flow zu versinken, erfordert eine hohe Konzentration, die aber im Moment nicht anstrengt und eine große Befriedigung bringt. Flow führt zu einem Hochgefühl, weil Fähigkeiten und Anforderungen genau aufeinander abgestimmt sind.

Angenehme zwischenmenschliche Beziehungen werden überall auf der Welt höher bewertet als materielle Güter. »Glück ist Gemeinschaft« (Klein, 2018, S. 51), »Glück ist Zusammenarbeit« (ebd., S. 52), »Glück ist Fairness« (ebd., 53), fasst es der Wissenschaftsautor Stefan Klein zusammen. Es gibt übrigens keinen einfachen Zusammenhang zwischen größerem Reichtum und größerem Glück oder Zufriedenheit.

Die Möglichkeit, etwas Sinnvolles zu tun, trägt zum eigenen Glück bei und macht auch zufrieden – wobei die Definition, was sinnvoll ist, wiederum individuell sehr unterschiedlich ausfallen dürfte. Zudem ist es wichtig, gefordert, aber nicht überfordert zu werden (Bien, 1999, S. 132).

Inwiefern Gesundheit und Freiheit eine Rolle spielen, wird unterschiedlich eingeschätzt. Abgesehen von der Frage, ob *Gesundheit* und *Freiheit* tatsächlich von allen Menschen einheitlich definiert werden, gibt es hier in der Forschung unterschiedliche Positionen. Es gibt Autoren, die davon ausgehen, dass beide Aspekte bei der Bewertung des Lebens eine große Rolle spielen (z. B. Precht, 2007, S. 350). Stefan Klein geht z. B. davon aus, dass Menschen umso zufriedener sind, je mehr ihnen am Wohl anderer liegt und umso mehr sie ihre Arbeitszeit selbst bestimmen können (Klein, 2018, S. 28). Dies könnte man durchaus als Freiheit verstehen.

Andere Autoren haben aber gezeigt, dass selbst Menschen im Wachkoma oder mit einem Locked-in-Syndrom ihr Leben als glücklich bewerten (Birbaumer & Zitlau, 2014). Eine Vorstellung, die zunächst einmal befremdlich erscheint und sich wohl für die meisten Menschen wenig mit dem Begriff der Gesundheit verbinden lässt.

Birbaumer und Zitlau (2014) verweisen aber auf ihre Untersuchungen, in denen sie zeigen konnten, dass es einem Menschen nicht möglich ist vorherzusehen, in welcher Weise er sein Leben nach einer Anpassung an gänzlich andere Bedingungen – wie z. B. der Bewegungsunfähigkeit – bewerten wird. Sie warnen deshalb sogar ausdrücklich vor den sogenannten Patientenverfügungen. Es ist nur bedingt möglich, sich in die eigene Gefühlswelt bei einem Leben unter ganz anderen Bedingungen eindenken zu können.

8. Frage: Wer kann entscheiden, wie glücklich jemand ist?

> »Es sah nicht immer aus wie Glück, aber es fühlte sich ziemlich oft an wie Glück.«
> (Mecky Zaragoza, 2012, S. 66)

Wie kann es sein, dass Hans im Märchen vom »Hans im Glück« glücklich ist, obwohl er doch den Lohn seiner jahrelangen harten Arbeit Stück um Stück verliert? Weil er ein Narr ist? Na und, könnte man einwenden, zumindest ist er ein glücklicher Narr! Es war in der Betrachtung des Glücks nicht immer so, aber heute verstehen wir Glück als eine höchst private Angelegenheit (Hommen, 2019, S. 19).

»Glücklich ist, wer sich glücklich fühlt« (ebd., S. 18). Wer also das, was in seinem eigenen Körper geschieht, als Glück interpretiert, ist glücklich. Es ist unmöglich, nur durch Beobachtung zuverlässig einzuschätzen, wie glücklich eine andere Person ist.

1 Glück und Lebenszufriedenheit

Ist ein anderer Mensch in den Möglichkeiten, die für die Bewertung unseres eigenen Lebens wichtig sind, eingeschränkt, glauben wir, er müsse deshalb unglücklich sein. »Bist du nicht traurig, dass du zu Hause keine Tortilla essen kannst?«, hat mich einmal auf einer Reise durch Mexico ein Landarbeiter gefragt. Es kam ihm gar nicht in den Sinn, dass Tortilla zu essen für mich unwichtig sein könnte.

Dies zeigt zugleich einen anderen, wichtigen Aspekt, nämlich die Unmöglichkeit einzuschätzen, wie zufrieden ein anderer Mensch mit seinem Leben ist. Man ist verführt, die Einschätzung auf der Grundlage der eigenen Wertevorstellungen vorzunehmen. Ist ein anderer Mensch in den Möglichkeiten, die für die Bewertung unseres eigenen Lebens wichtig sind, eingeschränkt, glauben wir, er müsse weniger zufrieden sein. So kommt es auch zu der Vorstellung von dem »armen Menschen mit Behinderung«, denn dieser wird in irgendeiner Weise in dem eingeschränkt, was wir für unverzichtbar für unsere Lebenszufriedenheit halten: in der Beweglichkeit, im Sehen, Hören oder logischen Denken und Schlussfolgern, im selbstständigen Atmen oder Essen oder auch in den Möglichkeiten zu reisen. Doch wie glücklich und zufrieden jemand ist, kann letztlich nur von diesem selbst eingeschätzt werden.

9. Frage: Warum sind einige Menschen glücklicher und zufriedener als andere?

> »Es gibt mehr Dinge, die uns unglücklich machen als Dinge, die uns glücklich machen.« (Pinker, 2011, S. 485)

Unbestreitbar scheinen einige Menschen glücklicher und zufriedener zu sein als andere, obgleich sie möglicherweise sogar unter widrigen Umständen leben. Tatsächlich ist der individuelle Rahmen für das Grundlevel der Lebenszufriedenheit biologisch bedingt (Lyubomirsky & Jacobs Bao, 2013). Ungefähr die Hälfte der Glücksfähigkeit ist erblich (Rubner &Falkai, 2017, S. 33).

Doch dies sollte nicht zur Resignation führen. Die Gene geben immer nur einen Rahmen vor, innerhalb dessen alles möglich ist (von Hirschhausen, 2009, S. 51ff.).

Wenn ca. die Hälfte des Glücksempfindens erblich festgelegt ist, bleibt ja noch die andere Hälfte. Davon sind 40 % eine Folge kognitiver Strategien, d. h. von Interpretationen (Lyubomirsky & Jacobs Bao, 2013).

Auch dies weiß schon der Volksmund: Der eine hält das Glas für halb voll, die andere für halb leer ... Manche Menschen lachen, wenn ein anderer Autofahrer plötzlich »ihren« Parkplatz belegt, andere können sich darüber lange aufregen. Glück hängt nicht von äußeren Ereignissen ab, sondern davon, wie man diese deutet (Csikszentmihalyi, 2014, S. 14). Diese Art und Weise der Interpretation kann man verändern.

Das wussten die Menschen schon lange und haben sich Gedanken darüber gemacht, wie man Lebensereignisse so interpretieren kann, dass ein zufriedenes Leben gelingt. Bereits vor 2 000 Jahren haben die Stoiker ein Konzept für Lebenszufriedenheit entwickelt. Gehe vom Schlimmsten aus, lautete ihr Ratschlag. Sollte es eintreten, ist man vorbereitet und weniger enttäuscht. Sollte es nicht zutreffen, ist man erleichtert und glücklich (Hartmann, 2020, S. 14).

Die Grundlagen für das spätere Glück werden wahrscheinlich schon in der Kindheit gelegt. Hier lernt man u. a. auch die Interpretationsmechanismen.

Vor allem der Vergleich mit anderen Menschen spielt eine große Rolle für die Einschätzung, zufrieden zu sein mit dem eigenen Leben (Klein, 2018, S. 31). Es geht also um die Frage, was andere Menschen sich leisten können, was sie besitzen usw. Neurotypische Menschen wären also z. B. mit 50 000 € glücklicher, wenn alle anderen nur 25 000 € hätten als mit 100 000 €, wenn die Nachbarn 200 000 € besäßen (Kast, 2012, S. 238).

10. Frage: Gewöhnt man sich ans Glück?

Nur die verbleibenden 10 % der Lebenszufriedenheit werden durch äußere Lebensumstände bestimmt. An diese äußeren Lebensumstände erfolgt meist eine Anpassung, so dass sie langfristig weder glücklicher noch unglücklicher machen. Jeder weiß aus eigener Erfahrung, wie glücklich man zunächst über eine neue Wohnung, ein neues Kleidungsstück, Möbel oder Auto sein kann ... und wie schnell man sich daran gewöhnt und es gar nicht mehr bemerkt.

Glück ist kein dauerhafter Zustand und soll es auch gar nicht sein. Wie alle Gefühle ist auch Glück vorübergehend. Die bereits beschriebenen körperlichen Veränderungen bleiben nicht langfristig bestehen.

Jede dauerhafte Stimulation des Nucleus accumbens[4] verliert nach einiger Zeit ihre Wirkung (Schymanski, 2015, S. 22). Das Glücksgefühl lässt nach.

In der Evolution geht es darum, dass die Art erhalten bleibt. Menschen haben die Fähigkeit glücklich zu sein, damit ihre Überlebenschancen steigen und sie sich wahrscheinlicher fortpflanzen. Glück soll unsere Aufmerksamkeit auf angenehme Umstände lenken.

Nach einer Phase großen Glücksempfindens kehrt ein Mensch zu einem relativ stabilen emotionalen Level zurück. Man nennt das *hedonistische Anpassung*.

Das ist auch durchaus sinnvoll: In einem extremen Glückszustand riskiert ein Mensch mehr und achtet weniger auf Gefahren (Drimalla, 2015, S. 42). Außerdem gäbe es ohne das Nachlassen des Glücksgefühls kein Streben mehr nach Veränderung. Der Mensch würde immer weiter in einer Situation verharren wollen. Selbst unter den glücklichsten Umständen wird der Mensch nach einiger Zeit unzufrieden und versucht seine Situation zu verbessern. Er bleibt immer auf der Suche nach dem Glück. Das treibt ihn dazu an, sich mehr anzustrengen und weitere Situationen zu schaffen und aufzusuchen, die ihn beglücken. Manchmal braucht er immer mehr und immer stärkere Kicks, weil das Glück von gestern die Langeweile von heute ist. Das System, das Neurotransmitter und Hormone ausschüttet, die uns angenehm sind, ist eine »Suchmaschine«, die uns antreibt (von Hirschhausen, 2009, S. 364). Das maßlose Streben nach dem nächsten Glücksgefühl kann sogar unzufrieden machen, davor warnte schon vor mehr als 2 000 Jahren Epikur und noch einmal lange davor Buddha (Harari, 2017, S. 70f.).

Tröstlich ist, dass das Zurückkehren auf das emotionale Ausgangslevel auch zu erwarten ist, wenn eine Person zutiefst unglücklich ist. Menschen können sich also selbst mit ganz unterschiedlichen Umständen arrangieren. So ist es zu erklären, dass man sich sogar nach einem Unfall, der zu starken körperlichen Einschränkungen führt, nach einer Anpassungszeit wieder glücklich und zufrieden fühlen kann (Birbaumer & Zitlau, 2014).

---

4 Es handelt sich dabei um eine Hirnstruktur im mesolimbischen System, dem sogenannten Belohnungssystem des Gehirns.

2

Autismus

> »Seinen Platz zu finden ist allerdings nicht immer leicht, und man muss der Gesellschaft immer wieder vermitteln, dass sich die Wünsche autistischer Menschen für ihr Leben möglicherweise sehr von dem unterscheiden, was andere Menschen sich zum Glücklichsein wünschen. Es gilt herauszufinden, was für jeden Einzelnen ganz individuell zählt. Auf Außenstehende mag unser Leben merkwürdig und vielleicht auch unbefriedigend wirken, aber darum geht es nicht.« (Preißmann, 2009, S. 156)

11. Frage: Wozu braucht man die Kategorie *Autismus*?

Diagnosen sind Kategorien. Kategorien sind modellhafte Vereinfachungen. Menschen lieben es, die Komplexität einer Sache zu verringern. Sie lässt sich so leichter verstehen und einprägen. Reduktion von Komplexität ist ein zentrales Merkmal menschlicher Wahrnehmung und menschlichen Denkens.

Natürlich ist jeder Mensch im Autismus-Spektrum einzigartig, aber »Menschen sortieren Dinge und andere Menschen in mentale Schubladen ein, versehen jede Schublade mit einem Etikett und tun dann so, als seien alle Objekte in einer Schublade gleich« (Pinker, 2011, S. 380).

Nicht nur Autismus ist eine Kategorie. Depression ist eine, Psychose eine andere. Es gibt viele. Ausgehend von der Kategorie wird auf Eigenschaften geschlossen, die man bei einem Menschen nicht ohne Weiteres sieht (ebd., S. 381). So kann es leichter für ihn werden, Rechtsansprüche gegenüber der Gesellschaft abzuleiten (z. B. Ansprüche auf Hilfen) und ungewöhnliches Verhalten erklär- sowie Unterstützungsbedarf begründbar zu machen. Soweit zumindest die Theorie.

12. Frage: Wie kam es zur Bezeichnung?

Der Begriff *Autismus* wurde im Jahre 1911 vom Schweizer Psychiater Eugen Bleuler geprägt. Er bezeichnete damit eines von vier zentralen Merkmalen der Schizophrenie, nämlich den Kontaktverlust mit der Umwelt und den Rückzug aus der Wirklichkeit (Bleuler, 1911, S. 51).

Eugen Bleuler sah allerdings zunächst im Autismus nicht zwangsläufig etwas Krankhaftes. Er verstand ihn als eine Eigenschaft, die während eines schizophrenen Schubs nur besonders deutlich wird.

Der Terminus *Autismus* fand rasch Eingang in die Fachsprache der Psychiatrie. Es ist deshalb auch nicht verwunderlich, dass ihn in der Mitte des 20. Jahrhunderts fast zeitgleich zwei Männer verwendeten, um damit ein von ihnen jeweils erstmalig beschriebenes Syndrom zu bezeichnen.

Der erste war Hans Asperger (1906–1980). Heute wird er wegen seiner Rolle in der Euthanasie kritisch gesehen. Er war Pädiater und Leiter der *Heilpädagogischen Abteilung der Wiener Universitätsklinik*. Bereits im Jahre 1938 hielt er einen Vortrag, in dem er anhand eines Fallbeispiels die Charakteristika der *Autistischen Psychopathen* darstellte. Das Thema beschäftigte ihn auch in der Folgezeit und wurde von ihm in verschiedenen Vorträgen und Publikationen fortgeführt (Neumärker, 2010, S. 113). Schließlich mündete seine Forschung in eine Habilitationsschrift mit dem Titel »Die ›Autistischen Psychopathen‹ im Kindesalter« (Asperger, 1944). Er bezog sich in der Begründung seiner Terminologie hierin explizit auf Eugen Bleuler und dessen Begriffsschöpfung (ebd., S. 84).

Der zweite war der Kinderpsychiater Leo Kanner (1896–1981), zu dieser Zeit Direktor der *Child-Psychiatric-Clinic* in Baltimore. Er nannte im Jahre 1943 das von ihm entdeckte Syndrom *early infantile autism* und beschrieb es anhand der Falldarstellungen von elf Kindern (Kanner, 1943).

13. Frage: Ist Autismus eine Störung oder eine Identität?

> »Es ist nicht automatisch glückbringend oder wünschenswert, autistisch zu sein. Es ist aber auch nicht automatisch ein Umstand, der immer zur Verzweiflung führen muss.« (Vogeley, 2012, S. 168)

Die Antwort hängt stark davon ab, wer sie gibt. Spricht ein Arzt über den medizinischen Diagnosebegriff, wird er Autismus als Störung definieren. Die Sozialgesetzgebung beschreibt ihn als Behinderung, weil Menschen im Autismus-Spektrum in Wechselwirkung mit einstellungs- und umweltbedingten Barrieren zumeist an der gleichberechtigten Teilhabe der Gesellschaft gehindert werden (§ 2 SGB IX). Eine Diagnose soll seinem Träger oder dessen Familie den Zugriff auf gesellschaftliche Hilfen erleichtern. Sie erfolgt deshalb defizitorientiert. Für ihre Stärken hat eine Person keinen Anspruch auf Unterstützung.

Eine andere Auffassung kommt aus der Selbsthilfebewegung. Einige Menschen mit Asperger-Syndrom finden die Konzentration auf ihre Defizite unangemessen und wehren sich dagegen. Sie verstehen Autismus als Teil ihrer Identität und verlangen völlig zurecht Respekt.

Autismus ist keine Summe von Defiziten, sondern ein besonderes Profil von Stärken und Schwächen. Es beinhaltet durchaus auch Stärken! Welche der vielen Eigenschaften eines Menschen sich im Laufe seines Lebens als wertvoll und welche als nutzlos erweisen werden, hängt von den Anforderungen ab, die an den Menschen gestellt werden. Eine Eigenschaft kann als Defizit oder als Fähigkeit interpretiert werden. Blind zu sein kann bspw. als Defizit, aber wie z. B. bei Homer, dem blinden Dichter, auch als Gabe verstanden werden.

Viele Menschen im Autismus-Spektrum haben überdurchschnittliche Fähigkeiten, wenn sehr ähnliche Dinge unterschieden werden sollen. Sie erkennen schneller als andere kleine Elemente in einem großen Muster (z. B. ein X zwischen lauter L) und beurteilen visuelle Täuschungen oft objektiver (Müller, 2008, S. 380). Andere Kompetenzen sind ihre Merkfähigkeit, ihre Genauigkeit und Sorgfalt, ihre Exaktheit, Zuverlässigkeit, Pünktlichkeit, Ehrlichkeit, Ordnung und Regeleinhaltung (Dalferth, 2002, S. 306).

Einige Menschen sind deshalb stolz darauf, im Autismus-Spektrum zu sein. Sie wünschen sich mehr Akzeptanz für ihr Anderssein. »Heilung« lehnen sie ab.

Den Umgang mit dem Phänomen *Autismus* vergleichen sie mit dem der Homosexualität, die lange Zeit auch als psychische Störung betrachtet und zu »heilen« versucht wurde. Es gibt sogar die Auffassung, dass Autismus eine eigene Kultur ist.[5] Seit 2005 wird jährlich am 18. Juni der Autistic Pride Day begangen.

Zur Erklärung des Phänomens Autismus verweisen sie auf das Konzept der Neurodiversität. Keine zwei Menschen, nicht einmal eineiige Zwillinge gleichen sich vollständig in allen ihren körperlichen Merkmalen und natürlich auch nicht in ihrer Hirnentwicklung. Menschen im Autismus-Spektrum sind nach dieser Theorie einfach eine Variante, wie Menschen sein können. Insbesondere Eltern schwerer beeinträchtigter Kinder befürchten jedoch, die Auffassung des Autismus als Teil der Persönlichkeit könnte sowohl ihren rechtlichen Anspruch auf Unterstützung als auch den auf eine besondere Förderung ihrer Kinder beschneiden.

Um die Einordnung des Autismus als Krankheit oder Identität wird heftig gestritten (Solomon, 2013, S. 269ff.). Die Standpunkte scheinen unversöhnlich. Beide Standpunkte haben ihre Berechtigung und keiner erfasst das Phänomen vollständig. Es gibt im Leben keine einfache Wahrheit.

14. Frage: Unterliegt das Verständnis vom Autismus dem Zeitgeist?

Natürlich. Unser Verständnis vom Autismus ändert sich mit neuen Erkenntnissen. Ein Psychiater bezieht sich bei seiner Diagnosestellung auf ein Klassifikationssystem der Weltgesundheitsorganisation, in dem Krankheiten, Behinderungen und Störungen mit ihren Bezeichnungen und Symptomen aufgelistet werden. Sie werden nach bestimmten Kriterien hierarchisch geordnet und mit einem Code aus Buchstaben und Zahlen verschlüsselt.

Für die Diagnosestellung in der Bundesrepublik ist die Orientierung an der *Internationalen statistischen Klassifikation der Krankheiten und verwandter*

---

5 https://autismus-kultur.de

Gesundheitsprobleme (ICD) verpflichtend. Sie wird unter Berücksichtigung neuer Erkenntnisse regelmäßig überarbeitet. Die Zahl hinter der Abkürzung steht für die Überarbeitungsversion. Die ICD-10 ist demnach die zehnte Überarbeitung des Materials. Die ICD-11 tritt am 01.01.2022 in Kraft.

Auch das Verständnis dessen, was als psychische Störung gilt, verändert sich mit neuen Erkenntnissen. Es hatte mehr als 35 Jahre gedauert, bis die Syndrome, die von Hans Asperger und Leo Kanner beschrieben worden waren, Eingang in die medizinischen Klassifikationssysteme fanden.

Erst im Jahre 1979 wurde der frühkindliche Autismus in die ICD-9 aufgenommen. Das Asperger-Syndrom wurde sogar noch später, nämlich erst im Jahre 1992, in der ICD-10 aufgeführt. Die von Hans Asperger ursprünglich gewählte Bezeichnung *Autistische Psychopathie* war als nicht mehr zeitgemäß empfunden worden. Sie wurde durch die Verwendung seines Namens ersetzt.

In der ICD-10 findet man nun noch eine dritte tiefgreifende Entwicklungsstörung, die den Autismus im Namen hat: den *atypischen Autismus*. Alle drei Formen werden als eigenständige und voneinander abgrenzbare tiefgreifende Entwicklungsstörungen verstanden.

Damit war in den 1990er Jahren zum einen die Voraussetzung für ein deutlich ansteigendes allgemeines Interesse am Autismus geschaffen. Er war eine anerkannte Diagnose. Allerdings setzte sich damit auch endgültig eine defizitorientierte Betrachtungsweise des Autismus durch. Leo Kanners und Hans Aspergers Darstellungen hatten noch sowohl individuelle Stärken als auch Schwächen enthalten. Hans Asperger hatte im Jahre 1938 explizit formuliert: »Nicht alles, was aus der Reihe fällt, was also ›abnorm‹ ist, muß deshalb auch schon ›minderwertig‹ sein« (Asperger, 1938).

Auch die *American Psychiatric Association* gibt ein Klassifikationsmanual heraus. Es ist das *Diagnostische und Statistische Manual Psychischer Störungen* und wird DSM abgekürzt. ICD und DSM sind gut abgestimmt. Im Mai 2013 erschien das DSM-5. In diesem Manual wurde die kategoriale Betrachtung des Autismus mit seinen verschiedenen Formen zugunsten der Idee eines einheitlichen Kontinuums mit unterschiedlichen Ausprägungen aufgegeben. In Untersuchungen war zuvor festgestellt worden, dass Erwachsene mit frühkindlichem Autismus in ihrer Symptomatik nicht eindeutig von denen mit Asperger-Syndrom unterschieden werden können (Amorosa, 2010, S. 26). Damit war fraglich, ob es sich tatsächlich um klar abgrenzbare Entwicklungsstörungen handeln konnte. Man spricht seitdem von der *Autismus-Spektrum-Störung*. Das ICD-11 wird dieser Auffassung 2022 folgen. Die Diagnosenamen *frühkindlicher Autismus*, *atypischer Autismus* und *Asperger-Syndrom* werden ersetzt.

15. Frage: Was versteht man heute unter einer Autismus-Spektrum-Störung?

»Autismus-Spektrum-Störung« ist die Bezeichnung einer fachärztlichen Diagnose. Sie wird gegeben, wenn ein Mensch seit seiner frühen Kindheit Auffälligkeiten im Bereich der sozialen Kommunikation und Interaktion zeigt, und er zugleich eingeschränkte, sich wiederholende Verhaltensmuster, Interessen und Aktivitäten hat. Diese Verhaltensweisen treten in verschiedenen Lebensbereichen auf, also z. B. zu Hause und in der Schule. Sie können nicht dauerhaft verändert werden. Sie hindern die Person daran, ohne besondere Hilfe ihr Leben und die aktuellen Entwicklungsaufgaben im Kindergarten, in der Schule, der Ausbildung oder beim Wohnen zu meistern.

Man geht davon aus, dass es sich um eine neurologische Entwicklungsstörung handelt. Das Gehirn eines Menschen im Autismus-Spektrum ist anders strukturiert als das der sogenannten neurotypischen, also nichtautistischen Menschen.

Eine Autismus-Spektrum-Störung ist angeboren, die Eltern haben am Entstehen keine Schuld. Die Ursachen sind genetisch. Dabei spielt eine Vielzahl von Genorten eine Rolle. Eine Pränataldiagnostik ist deshalb (zum Glück) nicht möglich.

Eine Autismus-Spektrum-Störung verschwindet im Laufe des Lebens nicht. Viele Schwierigkeiten können aber bei guter Unterstützung kompensiert werden. Auch wenn die Diagnosebeschreibung eine Aufzählung von Defiziten ist, haben Menschen mit dieser Diagnose auch besondere Stärken (▶ 13. Frage).

16. Frage: Gibt es immer mehr Menschen im Autismus-Spektrum?

Zumindest wird das immer wieder behauptet. Wahrscheinlich steigt aber nicht die Anzahl der Menschen im Autismus-Spektrum, sondern die Zahl der so diagnostizierten Menschen. Menschen im Autismus-Spektrum gibt es nicht erst seit Mitte des 20. Jahrhunderts. Allerdings hatten sie bis in die 1990er Jahre andere Diagnosen erhalten (vgl. King & Bearman, 2009, p. 1125).

Diagnosen sind Kategorien und keine natürlichen Gegebenheiten. Man hat Menschen mit besonderen Verhaltensweisen zu anderen Zeiten anderen Kategorien zugeordnet als man es gegenwärtig tut. Einige galten vormals als Menschen mit geistiger Behinderung oder man hatte bei ihnen eine Sprachentwicklungsverzögerung (ebd.), eine minimale Hirnschädigung unklarer Genese, eine minimale cerebrale Dysfunktion, eine Zwangsstörung mit neuronaler Dysfunktion oder eine Mehrfachbehinderung diagnostiziert. Es gab auch Kinder, die als verhaltensgestört galten. Einige Menschen, die heute eine Diagnose aus dem Autismus-Spektrum erhalten würden, fielen erst durch ihre später hinzukommenden psychischen Probleme wie Depressionen auf.

Mit der Aufnahme des Autismus in die Klassifikationssysteme ICD und DSM stiegen die Diagnosezahlen rasant an. Zugleich begann mit dem Kinofilm *Rain man* auch ein mediales Interesse an dem Thema. Große Teile der Bevölkerung wurden auf diese Weise mit dem Phänomen *Autismus-Spektrum* bekannt. Eltern und Kindergärtnerinnen erkannten jetzt eher die Auffälligkeiten und rieten zur Konsultation eines Facharztes.

Als Anfang der 1990er Jahre auch noch das Asperger-Syndrom in die ICD und das DSM aufgenommen wurde, erweiterte sich das Spektrum noch einmal beträchtlich. Nun konnten auch Menschen eine Diagnose erhalten, bei denen die Auffälligkeiten für die Umwelt weniger offensichtlich waren.

Zudem hat sich in den vergangenen Jahren auch die Zahl der Psychiater erhöht, so dass eine Diagnose leichter zugänglich wurde. Der Fernsehfilm *Der kalte Himmel* (Erstausstrahlung 2011 im Ersten) spielt im Jahr 1967. Er zeigt eindrucksvoll, dass es zu dieser Zeit nur mit viel Glück und großem Aufwand möglich war, ein Kind psychiatrisch untersuchen zu lassen.

17. Frage: Leiden Menschen unter ihrem Autismus?

»*Autisten leiden nicht unter Autismus. Wie ich zu dieser dreisten Behauptung komme? Fragen Sie mal einen Autisten, ob er unter Autismus leidet. Und dann fragen Sie mehrere. Je mehr, desto besser. Sie werden überrascht sein, wie wenig Leid sie unter den Autisten finden werden. Autisten sind es nur leid, dass ständig über sie und nicht mit ihnen gesprochen wird. Autisten leiden lediglich unter dem rücksichtslosen Umgang ihres Umfeldes mit ihnen.*« (von Juterczenka, 2017, S. 68)

Ob dies in dieser Allgemeingültigkeit zutrifft, ist fraglich. Nie bewerten alle Menschen etwas in gleicher Art. Aber die Kritik an der grundsätzlichen Unterstellung, man müsste »am Autismus leiden« ist sicher richtig. Nicht alle Menschen leiden an ihrem Autismus. Einige Menschen sind sehr zufrieden mit ihrem Leben und möchten nicht neurotypisch sein (z. B. Schuster, 2007b, S. 329).

Andere leiden am Umfeld, das sie überfordert und zum Teil auch abwertet. Ihnen bringt die Diagnosestellung manchmal die lang ersehnte Erklärung für das Gefühl des Andersseins und damit Erleichterung. Sie kann Hilfs- und Unterstützungsmöglichkeiten erschließen (Preißmann, 2015, S. 22).

Allerdings weiß man auch, dass das Suizidrisiko von Menschen im Autismus-Spektrum höher ist als das neurotypischer Menschen (Cassidy et al., 2018). Für einige Menschen im Autismus-Spektrum stellt der Autismus eine starke Belastung dar. Sie leiden oftmals darunter, dass den anderen Menschen Dinge ohne Mühe gelingen, für die sie sich sehr anstrengen müssen oder die ihnen gar nicht möglich sind. Sie sind unglücklich darüber, immer wieder nicht verstanden oder missverstanden zu werden.

18. Frage: Haben Menschen im Autismus-Spektrum häufiger psychische Störungen als neurotypische?

Ja, man könnte sagen: Der Autismus kommt selten allein. Zwei Drittel der Menschen im Autismus-Spektrum entwickelt sogenannte komorbide psychische Störungen (Kamp-Becker & Bölte, 2011, S. 22). Sie haben mindestens eine, im Mittel aber zwei bis drei andere psychiatrische Diagnosen (ebd., S. 22f.). Leider wird das manchmal übersehen. Die Konzentration auf eine Diagnose führt dann dazu, dass eine zugleich auftretende weitere Störung übersehen wird. Bedauerlicherweise bleiben dann natürlich auch notwendige Hilfen und Therapien aus. Psychische Störungen sind ein Risiko für Glück und Zufriedenheit.

Besonders häufig treten auf:

- Angststörungen (Zwangsstörungen, Phobien),
- ADHS,
- Oppositionelle Störungen und
- Depressionen (ebd., S. 23).

Bereits 40 % aller Kinder im Autismus-Spektrum haben Angststörungen, die Belastung beginnt also früh (Theunissen & Feschin, 2019, S. 6). Angststörungen haben z. T. gravierende Auswirkungen auf das psychische und physische Wohlbefinden. Außerdem ist ein hohes Angstlevel ein Lernhemmnis (Beardon, 2020, S. 7). Kinder im Autismus-Spektrum haben es sowieso schon schwer, von den üblichen Angeboten ihres Umfeldes ausreichend zu profitieren. Angst kann das noch weiter erschweren.

Welche Erklärung gibt es für die besondere Verwundbarkeit von Menschen im Autismus-Spektrum für psychische Störungen? Sie besteht in der Stressbelastung. Im Autismus-Spektrum zu leben ist eine besonders anstrengende Variante des Menschseins. Man weiß, dass dauerhafter Stress das Risiko für viele psychische Störungen erhöht. Besondere Risikofaktoren bestehen in

- einer wenig bedürfnisgerechten Umgebung,
- Beeinträchtigungen in der Kontaktaufnahme und der Kommunikationsfähigkeit,
- eingeschränkten Möglichkeiten der Artikulation von Wünschen und Zielen,
- häufigen Unter- oder Überforderungen, die zu Frustrationen führen, und
- geringen Selbsthilfemöglichkeiten (Lingg & Theunissen, 2008, S. 56f.).

Von diesen Risikofaktoren treffen viele, manchmal sogar alle auf einen Menschen im Autismus-Spektrum zu. Angst-Prävention als Bestandteil der Gestaltung des Alltags wird kaum betrieben. Den Alltag vorhersehbar zu machen und von überfordernden sensorischen Reizen, wie Geräuschen, Gerüchen, visuellen Eindrücken zu entlasten, gehört dazu.

Hilfe für Menschen im Autismus-Spektrum und zusätzliche psychische Störungen gibt es noch zu wenig. Im FASTER-Programm, der Freiburger autismusspezifischen Therapie für Erwachsene gibt es allerdings Einheiten zu zusätzlichen psychischen Störungen (Ammon & Croonenbroeck, 2020, S. 18).

19. Frage: Wie diagnostiziert man Autismus?

Autismus ist eine fachärztliche Diagnose. Sie wird verhaltensbasiert gestellt. Das bedeutet, dass maßgeblich für die Diagnosestellung die Beobachtung und Bewertung des Verhaltens einer Person in verschiedenen Situationen ist. Die auffälligen Verhaltensweisen nennt man Symptome. Ergänzend dazu werden die Bezugspersonen zur kindlichen Entwicklung der untersuchten Person befragt. Körperliche Marker werden nicht herangezogen.

Die Diagnosestellung erfordert Erfahrung vom Untersucher, denn es gibt keine spezifischen Symptome beim Autismus. Alle Besonderheiten, die den Autismus kennzeichnen, können auch bei anderen Störungen oder Behinderungen oder sogar während der neurotypischen Entwicklung auftreten.

Autismus ist eine Summationsdiagnose. Das Wort kommt von *Summe, zusammenziehen*. Das gemeinsame Auftreten verschiedener Symptome ist entscheidend, nicht das einzelne.

Wenn verschiedene Verhaltensweisen einer Person in einem Maße auffällig werden, dass sie darunter leidet oder/und ihren Alltag nicht bewältigen kann, dann ist eine Autismus-Diagnose gerechtfertigt.

Das Diagnosealter für eine Autismus-Spektrum-Störung ist in der Bundesrepublik noch immer viel zu hoch (Keenan, Kerr, Dillenburger, 2015, S. 24). Es liegt beim frühkindlichen Autismus bei sechs Jahren, beim Asperger-Syndrom erfolgt die Diagnosestellung noch später. Dabei werden Jungen oft früher diagnostiziert als Mädchen (Fröhlich, Noterdaeme, Joos & Buschmann, 2014, S. 3).

Für Erwachsene gestaltet sich die Diagnosestellung oft besonders schwierig, weil es nur wenige Anlaufstellen gibt, in denen die Untersuchung vorgenommen wird. Hier empfiehlt sich für eine Orientierung ein Blick auf die Seite von Aspies e. V. (www.aspies.de/adressen.php?category=3).

20. Frage: Können Menschen im Autismus-Spektrum überhaupt Glück und Zufriedenheit empfinden?

»Zum Schluss ist mir noch wichtig, zu erwähnen, dass ich ein glücklicher Mensch bin. Ich möchte nichts anders haben in meinem Leben. Natürlich gibt es Punkte, an denen ich etwas ändern möchte, aber grundsätzlich ist es gut, wie es ist. Ich habe schon von vielen Betroffenen gehört oder gelesen, dass sie das Asperger Syndrom lieber nicht haben möchten. Natürlich bin ich auch nicht eines Morgens aufgewacht und habe mir gedacht, so, von heute an möchte ich nun ein Aspie sein. Doch ich liebe mein Leben und ich möchte das ganze Paket. Wenn das Asperger Syndrom zu diesem Paket dazugehört, dann möchte ich auch das.« (Sommerhalder, 2014, S. 8)

— 21. Frage: Warum könnte ihr Glücks- und Zufriedenheitsempfinden eingeschränkt sein?

> »Ich weiß nicht, was Glücklichsein ist, aber das Gefühl der Zufriedenheit kenne ich. Ich habe ein Ziel, arbeite darauf hin, und wenn ich Erfolg habe, bin ich zufrieden. Aber wie sehr ich mich auch anstrenge, überschwängliche Freude empfinde ich nie.« (Bentley, 2015, S. 9)

Dies sind zwei sehr unterschiedliche Aussagen von Menschen im Autismus-Spektrum. Im ersten Zitat beschreibt sich eine Frau als »glücklicher Mensch«. Im zweiten schreibt ein Mann mit Asperger-Syndrom in einem Brief an seine Frau, er wisse nicht, was Glück sei. Das Gefühl der Zufriedenheit hingegen kenne er.

Erinnern wir uns an das erste Kapitel. Dort haben wir festgestellt, dass nur eine Person selbst darüber aussagefähig ist, wie glücklich sie sich fühlt. Die Aussage der beiden Experten in eigener Sache bestätigt, dass es Menschen im Autismus-Spektrum gibt, die sich glücklich und zufrieden fühlen können. Das trifft aber nicht auf alle zu.

21. Frage: Warum könnte ihr Glücks- und Zufriedenheitsempfinden eingeschränkt sein?

> »Glück bedeutet demnach, Dinge tun zu können, die ich tun will, Zeit für mich zu haben. Freiheit, Selbstbestimmung. Das Gefühl zu haben, dass ich mein Leben selbst steuern und beeinflussen kann. Das bedeutet auch, [...] von anderen so akzeptiert zu werden, wie ich bin. Das macht mich glücklich.« (Merz, 2016, S. 38f.)

Verschiedene Gründe wären denkbar, vier sollen an dieser Stelle erläutert werden. Der erste hat innerpersonelle Gründe, die drei weiteren allerdings haben mit der Umwelt zu tun.

Emotionen »lesen«

Der erste Grund besteht in der Schwierigkeit der Interpretation von körperlichen Reaktionen. Es handelt sich also um die eingeschränkte Fähigkeit, Glück und Zufriedenheit fühlen zu können. Wie in der Beantwortung von Frage 4 beschrieben, sind dafür zwei Voraussetzungen notwendig:

- zum einen müssen bestimmte Körperreaktionen vorhanden sein und
- zum anderen braucht man die Fähigkeit, diese Vorgänge zu interpretieren.

Die Körperreaktionen werden durch den Autismus nicht beeinflusst. Die Fähigkeit der Interpretation hingegen kann es sein. Sie muss gelernt werden. Eltern beginnen sie bereits dem Säugling zu vermitteln.

Sie schauen in sein Bettchen und interpretieren den Gefühlsausdruck ihres Babys. Sie spiegeln ihn in ihrem eigenen Körperausdruck und benennen ihn: »Bist du so müde ...«, oder »Bist du traurig, weil ...«

Das Kind kann so mehrere Eindrücke miteinander verbinden:

1. das, was es selbst spürt
2. den Körperausdruck, den Mama oder Papa zeigen und
3. das Wort, mit dem sie alles benennen.

Es lernt zu verstehen, wie in seiner Kultur diese Körperempfindungen benannt werden. Zugleich werden die Grundlagen dafür gelegt, dass es sie bezeichnen kann.

Den Nachweis dafür, dass es sich bei den Gefühlen nicht um Universalien handelt, die überall auf der Welt identisch sind, liefert die Tatsache, dass in unterschiedlichen Kulturen körperliche Signale ganz unterschiedlich interpretiert werden. So gibt es auf einem abgelegenen Südsee-Atoll Gefühle, die wir nicht kennen. »Fago« z. B. wird eine Mischung aus Liebe und Trauer, Fürsorge und Zuneigung genannt (Retzbach, 2018, S. 39). Die zugrunde liegenden Körperreaktionen interpretiert man in Mitteleuropa anders. Wie man die Signale aus dem Körper zusammenfassend benennt, lernt ein Kind also von seinen Bezugspersonen.

Üblicherweise passt das Angebot der Eltern zu den Lernvoraussetzungen ihres Kindes, wie ein Schlüssel in ein Schloss passt. Ohne dass die Eltern speziell ausgebildet werden müssen, wissen sie, wie sie ihrem Kind beibringen können, Gefühle zu erkennen, zu benennen und auszudrücken.

Autismus ist aber durch Besonderheiten in der sozialen Interaktion gekennzeichnet. Das bedeutet, dass der fein aufeinander abgestimmte Vermittlungsprozess zwischen Eltern und Kind gestört sein kann. Leider können die Eltern das nicht wissen. Auch sie bekommen ihr Kind nicht mit einer Gebrauchsanleitung. So misslingt dieser Lernprozess möglicherweise, ohne dass jemandem dafür die Schuld zuzuweisen ist.

Was kann man tun, um die emotionale Entwicklung zu unterstützen? Darum wird es in der 35. Frage gehen.

Wenig Wertschätzung

Neben dieser Schwierigkeit, Gefühle bei sich selbst zu lesen, gibt es ein weiteres Risiko für Glück und Lebenszufriedenheit bei Menschen im Autismus-Spektrum. Sie werden wegen ihres Verhaltens oft weniger wertgeschätzt und respektiert als neurotypische Menschen. Nicht selten beginnt das bereits im Kindesalter und setzt sich bis in das Erwachsenenalter fort. Es besteht z. B. ein erhöhtes Risiko dafür, Mobbingopfer zu werden (▶ 36. Frage).

Jedes Kind sollte mit dem Gefühl aufwachsen dürfen, in Ordnung zu sein, so wie es ist. Das bedeutet nicht, dass man mit jedem Verhalten einverstanden sein muss.

Eine überfordernde Umwelt

Zum Dritten leben Menschen im Autismus-Spektrum oft in einer Umwelt, die sie überfordert. Es ist eine Welt, die auf die Bedürfnisse einer Mehrheit ausgerichtet ist. Menschen im Autismus-Spektrum haben eine andere Wahrnehmung und denken und handeln deshalb anders. Ihr empfindliches Wahrnehmungssystem wird auf der Straße, in Menschengruppen oder im Nahverkehr massiv überlastet. Auch ständig soziale Erwartungen zu erfüllen, wie es neurotypischen Menschen in ihrem Alltag tun, ist für sie sehr anstrengend.

Eingeschränkte Selbstbestimmung

Die vierte Ursache hat mit den Aspekten zu tun, die für die meisten Menschen Lebenszufriedenheit bestimmen (▶ 7. Frage). Im Zitat von Sonja Merz werden einige bestätigt.

Viele Menschen im Autismus-Spektrum leben stärker fremdbestimmt als neurotypische. Selbstbestimmung gehört aber zu den wichtigsten Einflussfaktoren auf das Zufriedenheitserleben (Klein, 2018, S. 59).

22. Frage: Schützt Autismus vor Unzufriedenheit?

> »Ich möchte gerne unabhängiger sein, mehr Situationen in meinem Leben alleine bewältigen, unbelastet am gesellschaftlichen Leben teilnehmen können, mir nicht vorher überlegen müssen, wie ich eine bestimmte Situation werde bewältigen können, spontaner sein. Trotzdem weiß ich, dass ich auch mit Autismus glück-

> lich sein kann [...]. Da es Dinge gibt, die ich voraussichtlich niemals haben werde, liegt das Glück auch darin, die Ansprüche nicht zu hoch anzusetzen und mit dem zu zufrieden sein, was ich habe.« (Köppel, in Preißmann, 2015, S. 170f.)

In Kapitel 1 haben wir gesehen, dass der Vergleich mit anderen wichtig ist für die Bewertung des eigenen Lebens (▶ 9. Frage). In dieser Hinsicht stellt der Autismus einen Schutzfaktor dar. Dieser Vergleich mit anderen und der Wettbewerb, sie übertreffen zu wollen, ist Menschen im Autismus-Spektrum eher fremd.

Da Menschen im Autismus-Spektrum eine soziale Blindheit oder zumindest soziale Sehbehinderung haben, ist ihnen die Bezugnahme auf die Lebenssituation ihrer Mitmenschen weniger wichtig. Insofern stellt der Autismus einen Schutzfaktor vor Unzufriedenheit dar. »Statuswettrüsten« (Kast, 2012, S. 240) ist ihnen fremd.

3

Glück, über die Lebensspanne von Menschen im Autismus-Spektrum betrachtet

> »Unsere Entscheidungen basieren auf zwei Wünschen, die wir für dich haben: dass du so weit wie möglich ein Leben leben kannst, das gleichwertig mit dem Leben der anderen ist, und dass du so oft es nur geht erleben kannst, was du selbst als Glück bezeichnest.« (Freihow, 2005, S. 39)

23. Frage: Machen Kinder im Autismus-Spektrum ihre Eltern glücklich und zufrieden?

Vor einiger Zeit wurde das Ergebnis einer Untersuchung publiziert, das so überraschend war, dass sich sogar die Tagespresse seiner annahm: Eltern sind nicht glücklicher als Kinderlose, solange die Kinder zu Hause wohnen, hieß es da. Erst wenn sie zu von zu Hause auszögen, ändere sich das (Becker, Kirchmaier & Trautmann, 2019).

Im ersten Lebensjahr des Kindes reduziere sich die Lebenszufriedenheit der Eltern sogar (Max-Planck-Gesellschaft, 2015). Wenn ein Paar ein Kind erwartet, entwickelt es meist romantische Vorstellungen vom Leben mit ihm. Besonders wenn es das erste Kind ist. Ist das Baby auf der Welt, erweist sich der Alltag zumindest in Teilen als weniger romantisch. Rollen müssen neu ausgehandelt, neue Aufgaben verteilt werden. Das geborene Kind wird an dem erträumten gemessen. Es gibt einen Veränderungsdruck auf die Organisation des familiären Alltags und die Gestaltung der Beziehung. Das erste Lebensjahr des Kindes ist oft eine Bewährungsprobe für die Partnerschaft. Das bedeutet Stress für die Eltern. Ein nicht unbeträchtlicher Teil reagiert mit einer Wochenbettdepression auf die neue Situation.

Dennoch wissen die meisten Eltern von unzähligen wunderbaren Momenten zu berichten: wenn ihre Kinder mit einem tiefen Gluckern laut lachen, sich zärtlich an sie schmiegen, die ersten Schritte wagen. Diese Erfahrungen entschädigen Mütter und Väter für ihre Mühen. »Geben« und »Bekommen« balancieren sich aus.

Eltern von Kindern im Autismus-Spektrum

Eltern von Kindern im Autismus-Spektrum befinden sich manchmal in einem asymmetrischen System, in dem diese Balance über einen langen Zeitraum nicht besteht (Teriete, 2020, S. 24). Das emotionale Feedback kann fehlen oder eingeschränkt sein: das Anschmiegen der Kinder, ihre Zärtlichkeiten, ihre Freude, die Eltern zu erblicken, das deutliche Wohlbefinden, wenn sie von ihnen auf den Arm genommen werden usw.

Die Erkenntnis, ein Kind zu haben, das sich anders entwickelt als die meisten anderen, intensiviert das Gefühlschaos, das die meisten Eltern nach der Geburt ihres Kindes durchleben. Dieser Mix an Emotionen und Gedanken, die die Eltern eines Kindes im Autismus-Spektrum erleben, umfasst Hoffnung, Liebe und den Wunsch, sich für das Kind und sein Glück einzusetzen mitunter genauso wie Angst, Trauer, Wut und Verzweiflung. »Ich trauerte um den Verlust des ›perfekten‹ Kindes, von dem wir geträumt hatten. Gleichzeitig war ich zornig« (Lewis, 2010, S. 33), beschreibt eine Mutter, was in ihr vorging.

Manchmal ist dies auch der Zeitpunkt, an dem Eltern sich von ihren eigenen Wünschen und Träumen für ihr Kind verabschieden müssen. Das ist schmerzhaft. Einige Eltern müssen sich gegen die Diagnose aus Selbstschutz zunächst wehren. Je stärker sie sich durch ihre Situation bedroht fühlen, umso mehr werden sie die Einsicht, ein besonderes Kind zu haben, vermeiden (Ayan, 2020, S. 24).

___ 23. Frage: Machen Kinder im Autismus-Spektrum ihre Eltern glücklich und zufrieden?

Trauer, Sorgen und Ängste werden von den meisten Müttern und Vätern auch nicht endgültig überwunden. Sie treten in den folgenden Jahren immer wieder und insbesondere bei einschneidenden Übergängen im Leben ihres Kindes auf, also z. B. beim Eintritt in den Kindergarten, in die Schule oder dem Auszug aus dem Elternhaus (Wagatha, 2006, S. 24). Das sind die Anlässe, bei denen den Eltern aufs Neue bewusst wird, wie anders die Biographien Gleichaltriger verlaufen: »am ersten Kindergartentag der befreundeten Kinder (Felix wäre auch dabei gewesen, wenn ...) stand ich in meiner Küche und hab' geweint«, so schildert es eine Mutter (Bauerfeind, 2016, S. 154).

Der Umgang mit der Diagnose

Den Moment, in dem die Diagnose ausgesprochen wurde, erleben die Eltern ganz unterschiedlich. Die Diagnose gibt einen Namen und eine Erklärung für vieles, was den Eltern und anderen Menschen an ihrem Kind aufgefallen ist. Letztlich ist sie ja nichts weiter als eine Kategorie, mit deren Hilfe man das Verhalten ihres Sohnes oder ihrer Tochter einzuordnen versucht. Das Kind verändert sich nicht durch die Diagnose. Der Max bleibt der Max.

Die Diagnose steht meist am Ende eines langen Weges der Suche nach Erklärungen, den die Eltern mit ihren Kindern gehen. Woran liegt das?

Die meisten Eltern haben wenig Erfahrung damit, wie sich der Autismus bei einem Kind zeigen kann. Oftmals haben sie den Eindruck, die Entwicklung verliefe ungewöhnlich, ohne ihre Sorgen genau beschreiben zu können. Viele Eltern mit einem Kind im Autismus-Spektrum durchleben eine Zeit, in der sie das Verhalten ihres Kindes und/oder ein ungewöhnlicher Entwicklungsverlauf beunruhigt. Sie suchen nach Hilfe für ihr Kind und nach Erklärungen.

Ihre ersten Ansprechpartner sind oft die Kinderärzte. Doch die haben auch nicht immer ausreichende Erfahrungen mit den Symptomen einer Autismus-Spektrum-Störung. Außerdem möchten sie Stigmatisierung vermeiden. Deshalb wollen sie oft eher abwarten als die Eltern zu verunsichern:

> *»Über mein vages Empfinden, dass mir meine kleine Tochter seltsam fremd war und dass sie durch mich hindurch blickte, hatte ich keine Notizen aufgeschrieben. Dieses Gefühl war mir zu unbestimmt und schien mir allzu subjektiv, um es als Beobachtung mitzuteilen.*
>
> *Der Kinderarzt testete alle Reflexe und kontrollierte die Reaktionen auf bestimmte Aufgaben.*
>
> *›Alles normal entwickelt.‹, meinte er.«* (Sitar-Wagner, 2011, S. 35)

In einer Befragung von Eltern beschrieben diese ihre Reaktion auf die Diagnose mit einer Mischung unterschiedlicher Gefühle:

- »Erlösung/Erleichterung (20 %),
- Traurigkeit (7 %),
- Angst (7 %),
- Verleugnung der (Verdachts-)Diagnose (27 %),
- Annahme der Diagnose ohne große Aufregung (7 %),
- Schock, Empörung wegen einer unsensiblen Diagnose (13 %),
- Schock wegen der Bewusstheit über die Tatsache, das Kind sei unkorrigierbar andersartig (20 %),
- erst eine »Atempause« mit einer gründlichen Informationssuche zum Thema »Autismus« (13 %),
- Aktivierung, wobei die Diagnose als Herausforderung angesehen wird (20 %),
- Überlegungen darüber, wer an der Störung des Kindes schuld sein könnte, ggf. Schuldzuweisungen an den Partner/Partnerin oder Selbstvorwürfe (13 %)« (Schirmer & Alexander, 2015, S. 185).

Für einige Eltern ist die Diagnose eine Erleichterung, weil es nun die bescheinigte Gewissheit gibt, dass sie nicht erziehungsuntüchtig sind, wie man es ihnen vorgeworfen hat. Nun gibt es eine andere Erklärung, die sie entschuldet. Die Diagnose gibt nun aber auch die Gewissheit, dass es kein vorübergehender Zustand ist, den sie bei ihrem Kind beobachtet haben. Nichts, was sich einfach auflöst und von dem nur eine Erinnerung bleibt.

Andere Eltern hoffen, nun zielgerichteter nach Hilfe suchen zu können. Es aktiviert sie. Sie fühlen sich weniger hilflos.

Nur selten werden die Eltern nach der Diagnosestellung professionell begleitet. Bei der Verarbeitung der Information sind sie auf sich allein gestellt. Manchmal wird ihnen die Diagnose auch wenig sensibel übermittelt:

> »Und dann kam: ›Ja, wir sagen Ihnen ja nichts Neues, Ihr Kind ist geistig behindert und es ist autistisch!‹ So irgendwie in der Form, also so hingeknallt! ›Und Ihr Kind reagiert nicht auf Lob, also werden sie da wenig ausrichten können!‹« (Schirmer & Alexander, 2015, S. 116)

In diesem Fall ist es weniger die Diagnose als die Art, wie sie mitgeteilt wird, die Eltern mutlos und unglücklich machen kann.

Werden die Eltern allein gelassen, birgt das Risiken für ihr Wohlbefinden. Es ist eher die Ausnahme, dass jemand den Eltern ein Informationspaket

23. Frage: Machen Kinder im Autismus-Spektrum ihre Eltern glücklich und zufrieden?

schnürt, Selbsthilfegruppen und Ansprechpartner im Jugendamt nennt, auflistet, was die nächsten Schritte sein könnten und wo sie Hilfe finden.

Die Neuordnung

Wie zu erwarten, erfolgt auch bei den Eltern, die auf die Diagnose mit negativen Gefühlen reagiert haben, eine hedonistische Anpassung (▶ 10. Frage). Bei Müttern konnte nachgewiesen werden, dass sich die emotionale Belastung durchschnittlich drei Jahre nach der Diagnosestellung verringert hat (Hackenberg, 2008, S. 52). Bei den meisten Eltern wandeln sich anfänglich negative Gefühle in Stolz und Freude über die eigenen Leistungen bei der Erziehung ihres Kindes (Wagatha, 2006, S. 14). Aus der Desorientierung und Unsicherheit erwächst eine Neuordnung (Solomon, 2013, S. 59). Die Eltern finden zunehmend einen Sinn in ihrer schwierigen Lage (ebd., S. 39). Dem überwiegenden Teil gelingt es auf Dauer, mit ihrem Kind ein zufriedenes Leben zu führen (Hackenberg, 2008, S. 55). Eltern beschreiben eine Reihe von Faktoren, die ihre Lebenszufriedenheit im Zusammenhang mit ihrem Kind erhöhen:

- »Freude und Befriedigung durch die Fürsorge
- das Kind als Quelle von Freude und Glück
- Festigung der Partnerschaft und Familienbeziehungen
- Entwicklung neuer Fähigkeiten
- persönliche Weiterentwicklung der Familienmitglieder (insbesondere Toleranz und Empathie)
- Ausweitung des sozialen Netzwerks, verstärkte soziale Einbindung
- verstärkter Sinn für Spiritualität
- veränderte Lebensperspektive, Quelle von Lebenssinn und neuen Prioritäten.« (Hackenberg, 2008, S. 55)

Es entwickelt sich das für Familien so wichtige Wir-Gefühl (Fuchs, 2003, S. 86ff.). Einige Mütter und Väter entwickeln sogar nach der Bewältigung dieser Krise eine tiefe und beständige Resilienz. Sie können auch andere Stresssituationen besser meistern (Solomon, 2013, S. 59).

Es ist zu vermuten, dass eine psychotherapeutische Unterstützung der Familienmitglieder die Belastungsdauer reduzieren würde. Entsprechende Untersuchungen dazu wären sinnvoll.

Traditionslose Eltern

Viele Eltern fühlen sich allein. Wie viele Menschen im Autismus-Spektrum haben Eltern bereits gekannt, bevor sie ihr Kind bekamen? Wie oft haben sie beobachten können, wie nahestehende Menschen (Eltern, Geschwister, Freunde, Nachbarn) ein Kind im Autismus-Spektrum betreuten und erzogen? Auf welche Ratschläge ihrer Mütter und Schwiegermütter können sie hoffen, weil die erfahren sind in der Begleitung von Kindern im Autismus-Spektrum?

> »Das Schwerste seinerzeit war, jetzt mit der Situation zurechtzukommen, ganz klar. Weil ich bis dato in meiner Verwandtschaft oder engeren Bekanntschaft keinerlei Eltern mit behinderten Kindern kannte und auch sonst keinen Kontakt zu Menschen mit Behinderungen hatte.« (Schirmer & Alexander, 2015, S. 56)

Diese Situation wird mit dem Begriff der *traditionslosen Eltern* gefasst. Er stammt von Waltraud Hackenberg (2008, S. 46). Sie beschreibt mit seiner Hilfe die Tatsache, dass manche Eltern vor unbekannten Aufgaben stehen, für deren Bewältigung ihnen die Handlungskompetenz fehlt. Ihre Kinder verhalten sich anders als andere. Die Erfahrungen, die sie in ihrer eigenen Kindheit gemacht haben, die Beobachtungen in der Lebensbegleitung von Geschwistern, Nachbarskindern oder Söhnen und Töchtern von Freunden helfen ihnen nicht, die Herausforderungen mit dem eigenen Kind zu bewältigen. Es gibt keine Modelle, an denen sie sich orientieren könnten (Lambeck, 1992, S. 14).

Insofern sind Eltern von Kindern im Autismus-Spektrum also *traditionslose Eltern*. Sie müssen mühevoll und kraftraubend allein Hilfe und Unterstützung suchen und finden. Nicht selten versagen auch bewährte Unterstützungssysteme wie Familie und Freunde aus Unsicherheit und Unwissenheit. Die Eltern sind als traditionslose Eltern in einem besonderen Maße abhängig von Ärzten, Therapeuten, Erziehern und Lehrern, die ihnen gegenüber aber oft sehr unterschiedliche Aussagen machen (Hackenberg, 2008, S. 46). Das ist verunsichernd und verwirrend.

Mütter und Väter von Kindern im Autismus-Spektrum müssen zudem ihre normorientierten Vorstellungen über den Entwicklungsverlauf eines Kindes immer wieder an die Realität und die Möglichkeiten ihres eigenen Kindes anpassen (Bormann-Kischkel, 2010, S. 211).

23. Frage: Machen Kinder im Autismus-Spektrum ihre Eltern glücklich und zufrieden?

Was hilft?

Grundsätzlich wäre es sinnvoll, wenn das Diagnosealter in der Bundesrepublik gesenkt werden könnte. Dazu muss bei Kinderärzten Aufklärungsarbeit geleistet werden, damit sie mit größerer Sicherheit abweichende Entwicklungsverläufe erkennen und die Eltern zur Diagnosestellung weitervermitteln können.

Die Übermittlung der Diagnose an die Eltern und die Betroffenen selbst muss sensibel erfolgen. Dazu gehört, dass die Kinder und ihre Zukunftsperspektiven nicht defizitär beschrieben werden (Hackenberg, 2008, S. 55). Zugleich sollte den Eltern ein Informationspaket übergeben werden, das ihnen die nächsten Schritte benennt. Man findet hier z. B. von der Selbsthilfe-Initiative Elternzentrum Berlin e. V. eine Informationsbroschüre zum Download.[6]

Außerdem sollten mögliche Hilfen und Ansprechpartner benannt werden. Dazu gehören auch Selbsthilfegruppen. Diese kann man im Internet finden.[7]

Familien von Kindern im Autismus-Spektrum dürfen nicht erst unterstützt werden, wenn Probleme auftreten. Stattdessen brauchen sie ein Präventionsprogramm, das folgende Punkte enthält.

1. Informationen über
    a) die Ursachen der Besonderheiten ihres Kindes, die ihnen Sorge bereiten
    b) die Perspektiven ihres Kindes, inklusive der Besonderheiten des Ablöseprozesses
    c) Anregungen zur Erleichterung und zur entwicklungsfördernden Gestaltung des Alltags
    d) Unterstützungsmöglichkeiten, die zur Entwicklungsphase des Heranwachsenden und den Bedürfnissen der Familie passen (z. B. Selbsthilfegruppen, Freizeit- und Ferienangebote, Entlastung)
    e) Rechtsansprüche (z. B. Behindertenausweis, Pflegegeld)
    f) Methoden der Entwicklungsförderung und der Erziehung (Eckert, 2004, S. 66ff.).
2. Eltern brauchen die Möglichkeit, sich psychisch zu entlasten, z. B. durch Gespräche mit Psychologen oder in Selbsthilfegruppen.

---

6 https://elternzentrum-berlin.de/wp-content/uploads/2008/11/Flyer_Diagnose_Autismus_2017_web.pdf
7 bspw.: www.nakos.de/informationen/basiswissen/selbsthilfegruppen/

3. Modelle für den Umgang mit Menschen, die sie und ihr Kind nicht verstehen.

Insbesondere Mütter profitieren davon, wenn ihnen im Beratungszusammenhang Raum gegeben wird, ihre Trauer zu äußern und auch Schwäche zeigen zu dürfen. Väter hingegen empfinden es tendenziell als hilfreicher, wenn sie ermutigt werden, nicht aufzugeben (Wagatha, 2006, S. 44).

Eltern, die den persönlichen Gewinn durch ihr Kind mit einer Behinderung als hoch einschätzen und über effektive Bewältigungsstrategien verfügen, stellen eine wichtige Ressource für stärker belastete Familien dar (Hackenberg, 2008, S. 68). Man sollte sie ermutigen, sich in der Elternselbsthilfe zu engagieren.

24. Frage: Können Eltern ihre Kinder in jedem Moment und uneingeschränkt lieben?

> »... niemand liebt ohne Einschränkung, und es ginge uns allen besser, wenn wir diese elterliche Ambivalenz nicht länger stigmatisieren würden. [...] Kinder können von ihren Eltern im Grunde nur erwarten, dass diese ihr Gefühlschaos einigermaßen im Griff haben: dass sie also weder auf der Lüge des perfekten Glücks beharren noch in die Brutalität des Aufgebens verfallen. [...] Es besteht kein Widerspruch dazwischen, jemanden zu lieben und diese Person zugleich als Belastung zu empfinden – tatsächlich neigt die Liebe oft dazu, die Last noch größer zu machen. Diese Eltern brauchen Raum für ihre ambivalenten Gefühle – ob sie diese nun zulassen oder nicht.« (Solomon, 2013, S. 34)

Natürlich, werden Sie wahrscheinlich im Brustton der Überzeugung antworten. Mütter und Väter lieben ihre Kinder immer!

Aber was heißt das eigentlich? Bei dem Versuch zu definieren, was Liebe ist, trifft man auf ein ähnliches Phänomen wie bei der Erklärung der Begriffe *Glück* und *Zufriedenheit*. Jedermann verwendet das Wort in der Alltagssprache und glaubt zu wissen, was damit gemeint ist. Derartige Phänomene einer »Wissens-Illusion« (Chabris & Simon, 2010, S. 159ff.) sind Bestandteil menschlichen Denkens.

Liebe ist ein Gefühl und damit auch eine Interpretation (▶ 4. Frage). Verschiedene Kulturen definieren sie unterschiedlich und in anderen Zeiten gab es auch andere Liebes-Konzepte (Fuchs, 2003, S. 16ff.).

24. Frage: Können Eltern ihre Kinder in jedem Moment und uneingeschränkt lieben?

Im Augenblick versteht man in Mitteleuropa Liebe als ein starkes Gefühl, verbunden mit inniger und tiefer Verbundenheit zu einer Person. Es gibt gegenwärtig einen großen Erwartungsdruck an den Liebenden hinsichtlich der Tiefe und Dauer und Opferbereitschaft dem geliebten Menschen gegenüber. Das betrifft sowohl die partnerschaftliche Liebe als auch die Liebe zwischen Eltern und Kindern.

Von Müttern und Vätern wird erwartet, dass sie ihr Kind mindestens seit der Geburt und für immer lieben und zwar in jedem Moment. Dass ist aber unmöglich und damit eine absurde Überforderung (Max-Planck-Gesellschaft, 2015). Elternteile, die sich dieser Unmöglichkeit bewusst werden, schweigen darüber oft verschämt und fühlen sich schlecht. Im ungünstigen Fall entwickeln sie Schuldgefühle. Doch Schuldgefühle sind schlechte Erziehungsratgeber. Glücklich machen sie auch nicht.

Alle Mütter und Väter kommen in Situationen, in denen andere Gefühle ihren Kindern gegenüber das der Liebe überdecken. Dann nämlich, wenn sie überfordert oder wenigstens vom Kind stark gefordert sind. Wenn sie sich provoziert fühlen oder über sein Verhalten ärgern. Ihre Liebe ist dann mit einer Hintergrundmusik vergleichbar, die aber gerade nicht das wichtigste Geräusch ist.

Es scheint, als wäre der Erwartungsdruck gegenüber Eltern von Kindern mit Behinderungen noch größer. Sie sollen noch beständiger und ohne Vorbehalte lieben. Schließlich sind ihre Söhne und Töchter meist noch stärker von ihnen abhängig. Und selbstverständlich gelingt auch ihnen das Unmögliche nicht. So, wie es niemandem gelingt.

Manche Eltern sind mutig und gestehen sich ihre reiche und nicht ausschließlich positive Gefühlswelt ihrem Kind gegenüber ein, wie dieser Vater:

> »Es ist tatsächlich kaum zu glauben, wie widerlich mein Sohn sein kann. Mir geht es nicht darum, wie er sich mir gegenüber verhält, selbst wenn er mich schlägt, beschimpft und mit heftigen Fäkalausdrücken anschreit. Das ist traurig, manchmal peinlich und immer verletzend.« (von Juterczenka, 2017, S. 33)

Es ist nicht ungewöhnlich und überhaupt nicht verwerflich, den liebsten Menschen gegenüber auch negative Gefühle zu haben. Genauso, wie viele Mütter und Väter immer wieder, und manchmal auch ohne besonderen Anlass von einer Welle besonders intensiver Gefühle der Liebe ihren Kindern gegenüber überflutet werden.

Was hilft?

Man sollte sich zugestehen, manchmal auch von den eigenen Kindern überfordert und genervt zu sein. Das ermöglicht es nämlich, ohne Gesichtsverlust um Hilfe und Entlastung bitten zu können. Diese Hilfe kommt allen zugute: dem Kind und auch seinen Eltern. Sie sind deshalb keine schlechten oder ungenügenden Eltern. Wenn man sich zugesteht, dass man diese negativen Gefühle haben darf, können sie kein schlechtes Gewissen mehr machen und auch nicht ängstigen. Das ist für das Wohlbefinden förderlich.

Übrigens können diese negativen Gefühle auch bei Professionellen im Betreuungsalltag auftreten. Und auch hier sollte es möglich sein, eine Pause zu bekommen. Die hedonistische Anpassung sorgt dafür, dass sich starke emotionale Ausschläge wieder in ihrer Mitte einpegeln.

25. Frage: Brauchen zufriedene Kinder zufriedene Eltern?

> »... es ist wirklich wichtig, dass Sie verstehen, dass es nicht wichtig ist, wie ›normal‹ Ihre Kinder sind. Ihr Glück und das Glück Ihrer Familie hängen nicht davon ab. Viel wichtiger ist, dass sie mit sich selbst glücklich sind.« (Elley, 2020, S. 101)

Ja. Nur selten können Kinder zufrieden aufwachsen, wenn ihre Eltern (oder engsten Bezugspersonen) nicht zufrieden sind. Psychisches Wohlbefinden der Eltern hat positiven Einfluss auf ihr Verhalten dem Kind gegenüber und wirkt somit indirekt entwicklungsfördernd (Kißgen, 2007, S. 28ff.). Es tut den Kindern deshalb gut, wenn Mütter und Väter auch auf sich und ihre Bedürfnisse achten. Vielleicht war das vor einigen Jahrzehnten einfacher als es gegenwärtig ist.

Kinder waren früher ein Teil eines Familienverbandes, aber nicht ihr Mittelpunkt, um den sich alles drehte und dem alle Erwachsenen ihre Wünsche und Bedürfnisse unterordneten. Heute lastet ein großer Druck auf Müttern und Vätern; die vielen Elternratgeber spiegeln es wider. Die Kindheit wird optimiert. Es scheint selbstverständlicher, dass Mütter und Väter ihre Bedürfnisse und Träume dem Spross der Familie unterordnen. Ob das gut ist, wage ich zu bezweifeln. Manchmal übertreiben es die Erwachsenen mit ihrer Selbstlosigkeit und übersehen, dass auch hier oft weniger mehr ist. Für das Kind ist es gut, wenn die Eltern geduldig und ausgeglichen sein können und auch Kraft für ein »Nein« haben. Dafür dürfen sie nicht am Limit ihrer Kräfte sein.

Es ist schon eine Herausforderung, ein neurotypisches Kind ins Erwachsenenleben zu begleiten. Es ist aber noch viel anstrengender, ein Kind im Autismus-Spektrum großzuziehen.

Die Eltern von Kindern im Autismus-Spektrum wurden bisher in der Forschung viel zu wenig beachtet. Erst in den letzten Jahren gibt es im deutschsprachigen Raum Untersuchungen über ihre Bedürfnisse und besonderen Belastungen (Schirmer & Alexander, 2015; Zawacki, 2019). Dabei haben Eltern eine immense Bedeutung dafür, dass ihre Söhne und Töchter eine glückliche Kindheit haben. Sie gehören zu den wichtigsten Gelingensbedingungen für einen guten Start ins Leben.

Bis auf wenige, wirklich ganz außergewöhnliche Ausnahmen lieben alle Eltern ihre Kinder. Das gilt uneingeschränkt auch für die mit einem Kind im Autismus-Spektrum. Sie tun, was sie wissen und können, damit es ihren Söhnen und Töchtern gut geht und sie sich gut entwickeln können. Sie versuchen einen Familienalltag zu gestalten und der Alltagsbelastung standzuhalten. Sie sind Mütter und Väter, die ihre Elternrolle so gut ausfüllen, wie sie können. Und so gut wie möglich ist meist auch gut genug.

Was hilft?

> »Mein Lieblingsgebot ist: ›Du sollst nicht vergleichen.‹
> *Das, was Eltern die meisten Schwierigkeiten bereitet, ist der Vergleich ihres Kindes mit anderen. Das passiert immer wieder [...] Aber sie müssen dabei nicht mitmachen oder das Gefühl haben, dass sich Ihr Kind nicht normal entwickelt. Sie sind auf einem ganz anderen Spielfeld, oder, um es anders zu sagen, andere Kinder sind Äpfel, unsere sind Birnen. Ihr Kind ist nicht abnormal, es ist anders. [...] ›Sie sind nicht kaputt, sie wurden so gebaut‹.«* (Elley, 2020, S. 47f.)

Es kann die Zufriedenheit erhöhen, das eigene Kind nicht immer mit anderen zu vergleichen. Glück ist eben auch eine Frage der Perspektive, und Vergleiche führen schnell zu einer Fokussierung auf Defizite. Eltern können sich regelmäßig vor Augen führen, was an ihrem Kind liebenswert ist und welche schönen Momente sie mit ihm in der letzten Zeit erlebt haben.

Müttern und Vätern sollte eine feste Ansprechperson mit Kenntnissen in den Bereichen Autismus, Psychologie und Sozialrecht zur Seite stehen. Entlastend wäre es, wenn sie bei Fragestellungen, die im Entwicklungsverlauf des Kindes auftauchen, bei Sorgen und Problemen diese Person kontaktieren können, diese aber auch bereitsteht, um entwicklungsentsprechend ohne Anfrage der Eltern mögliche Hilfen aufzuzeigen. Eltern profitieren besonders davon, wenn ihnen Entlastungsmöglichkeiten und realistische Perspektiven aufgezeigt werden (Preißmann, 2015, S. 146).

Es ist wichtig, dass die Eltern neben den staatlichen Hilfen die Netzwerke von Familienangehörigen und Freunden zur Entlastung aktivieren. Manchmal muss man sie ermutigen, um Hilfe zu bitten oder angebotene Unterstützung anzunehmen.

In ihrer Unsicherheit bieten Freunde unter Umständen nur allgemein Hilfe an (»Sag', wenn ich etwas tun kann!«). Oft ist es gut, denjenigen beim Wort zu nehmen und gleich ein konkretes Anliegen vorzutragen (»Danke, das ist nett. Tatsächlich wäre es toll, wenn Du am Dienstag für mich auf den Waschmaschinenmonteur warten könntest.«). Nicht selten sind die Angesprochenen sogar froh, etwas tun zu können.

26. Frage: Was belastet Eltern im Alltag besonders?

> »... manchmal sind wir so unsäglich müde, Gabriel. Manchmal wissen wir nicht, ob wir das alles schaffen. [...] Zeitweise erscheinen uns die Probleme so groß, dass wir nicht mehr weiterwissen, denn wir haben keine Kraft mehr und würden am liebsten aufgeben.« (Freihow, 2005, S. 106f.)

Alle Eltern sind durch ihre Kinder auch belastet. Die Belastungen von Eltern eines Kindes im Autismus-Spektrum sind stärker und können vielfältig sein. Möglicherweise sind sie zeitlich, psychisch oder finanziell. Sie können aber auch in einer Geräuschbelastung, gefühlten Beeinträchtigung der Elternkompetenz oder sozialen Isolation bestehen. Vielfältige Einschränkungen in den familiären Lebensbereichen und die Anpassung der Lebenspläne an die Bedürfnisse der Kinder werden erforderlich (Weishaupt, Krebber, Strelow & Zwingmann, 2019).

Zeitlicher Aufwand

Vor allem, wenn die Tochter oder der Sohn im Autismus-Spektrum schwerer behindert ist, lässt sich der zeitliche Aufwand an Betreuung und Begleitung mit dem eines neurotypischen Säuglings oder Kleinkindes vergleichen. Er ist allerdings dauerhaft. Der Unterschied zwischen Eltern neurotypischer Kleinkinder und Eltern älterer Söhne und Töchter im Autismus-Spektrum besteht darin, dass erstere auf diese Situation hormonell vorbereitet sind und sie auch absehbar zeitlich begrenzt ist.

Auch der Transport und die Begleitung der Kinder zu Ärzten und Therapien kostet Zeit. In der Folge können die Mütter und Väter ihren Hobbies nicht mehr nachgehen.

> »Es kostet so viel Kraft. Du bist rund um die Uhr unter Spannung. Du musst immer schauen, was er macht. Du machst nichts Eigenes mehr. Du gehst nicht mehr raus. Du schämst dich. Freunde besuchen dich nicht mehr. Du machst fast nichts mehr zu zweit, weil du zu müde bist.« (Wagner, 2018, S. 79)

Schlafdefizit

Einige Eltern können sich auch in der Nacht nicht richtig erholen, weil ihr Kind spät einschläft, nicht durchschläft oder weniger Schlaf braucht als seine Eltern. Schlafstörungen treten bei Kindern im Autismus-Spektrum häufig auf (Schirmer, 2021, S. 206ff.). Oft haben die Angehörigen deshalb ein chronisches Schlafdefizit:

> »An Schlaf war auch in den nächsten Jahren kaum zu denken, es dauerte noch bis zum Alter von vier Jahren, bis er mehr als zwei Stunden am Stück schlief.« (Preißmann, 2015, S. 61)

Schlafdefizit führt u. a. zu Reizbarkeit. Die Belastung wird noch schwerer zu ertragen.

Soziale Isolation

Einige Familien geraten so in eine soziale Isolation (Soulis, Koletsa & Kessler-Kakoulidis, 2017, S. 301). Ihr Kind mag keine Veränderungen, und im Familien- und Freundeskreis sind sie mit ihm auch nicht gern gesehen. So bleiben sie zu Hause. Es fehlt den Erwachsenen aber das Gespräch mit anderen.

Schwer verständliches Verhalten

Auch psychisch sind viele Eltern hoch belastet. Ihr Kind verhält sich oft unerklärlich, nicht selten können sie sein Verhalten auch nicht gutheißen.

> »Unser Sohn brachte mich sehr schnell an meine Grenzen. Schlaflose Nächte, Aggressionen des Kindes sich selbst und uns gegenüber, Wutanfälle, abgerissene Tapete, zerfetzte Bücher, Sachen, die aus dem Fenster flogen – es war mir einfach nicht möglich, immer gelassen und geduldig zu reagieren. Selbst Aggressionen dem eigenen Kind gegenüber zu verspüren, musste ich auszuhalten lernen.«
> (Schirmer & Alexander, 2015, S. 119)

Das Ausmaß der Verhaltensauffälligkeiten des Kindes bestimmt insbesondere bei Müttern ihre psychosoziale Situation (Hackenberg, 2008, S. 50). Deshalb sind Eltern von Kindern im Autismus-Spektrum in der Regel stärker belastet als bspw. Eltern von Kindern mit Down-Syndrom (Hackenberg, 2008, S. 50). In einer Untersuchung gaben mehr als ein Drittel der Mütter und mehr als ein Viertel der Väter von Kleinkindern im Autismus-Spektrum ein Ausmaß an Stress an, das im klinisch auffälligen Bereich lag (Bormann-Kischkel, 2010, S. 211). Ein konstant hohes Stresslevel kann sie schneller altern lassen, reizbar und verletzlich machen (Solomon, 2013, S. 59). Auch Depression, Erschöpfungszustände und Schlafstörungen treten häufiger auf (Soulis, Koletsa & Kessler-Kakoulidis, 2017, S. 301).

Ein Teil der Kinder und Jugendlichen im Autismus-Spektrum hat ein vermindertes Gefahrenbewusstsein. Man muss sie ständig schützen, damit sie sich nicht verletzen. Das erlaubt am Tag keine Pause.

Ein weiterer möglicher massiver Belastungsfaktor besteht für die Familien darin, dass Kinder im Autismus-Spektrum und ihr Verhalten von anderen Menschen heftige Ablehnung erfahren. Die Eltern werden als erziehungsunfähig oder nachlässig kritisiert, die Familien regelmäßig in der Öffentlichkeit angestarrt:

> »Du bekommst einen Wutanfall im Geschäft und ich spüre die vielsagenden Blicke der Leute. Die Blicke sagen, dass ich dich schlecht im Griff habe, dass ich besser mit dir fertig werden, dich besser erziehen und zurechtweisen müsste. Aber oft ist es unmöglich zu verstehen, warum du schreist, und deshalb unmöglich, richtig zu reagieren.« (Lexhed, 2010, S. 239f.)

Schuldgefühle

Und nicht zuletzt entwickeln viele Elternteile Schuldgefühle. Zunächst können sie entstehen, wenn deutlich wird, dass sich das Kind anders entwickelt als andere. Untersuchungen belegen, dass vor allem Mütter von Kindern mit einer Entwicklungsstörung das Gefühl einer Mitschuld am Entstehen der Störung belastet (Wagatha, 2006, S. 32ff.). In einer Befragung reagierten immerhin 13 % der Eltern von Kindern im Autismus-Spektrum mit Selbstvorwürfen oder Schuldzuweisungen an den Partner (Schirmer & Alexander, 2016, S. 185).

> »Und dann kamen die Schuldgefühle ins Spiel, denn irgendwie musste ich ja meinen Teil dazu beigetragen haben. [...] Zumindest hatte ich das Gefühl, ich hätte irgendwie versagt, meinen unschuldigen, schutzlosen Sohn nicht davor beschützt.« (Lewis, 2010, S. 33)

Später kann es zu Schuldgefühlen kommen, weil sich Eltern ihrer (allerdings völlig erwartbaren) negative Gefühle gegenüber ihrem Kind bewusstwerden (▶ 24. Frage).

Und schließlich führt das Verhalten der Mitmenschen oft zu Schuldgefühlen. »Vielleicht erziehe ich das Kind wirklich nicht gut?«, fragen sich Eltern möglicherweise, wenn sie es nur oft genug von anderen gehört haben. Tatsächlich erleben sie ja auch immer wieder, dass dieses Kind sich weniger in seinem Verhalten lenken lässt, dass es nicht tut, worum sie es bitten. Manche Eltern haben dann den Eindruck, sie seien wenig kompetent.

Es kommt auch vor, dass Professionelle unrealistische Erwartungen an die Möglichkeiten der Eltern haben, wie diese ihre Kinder fördern können.

> »Die Angst und das schlechte Gewissen, nicht genug zu fördern, nicht genug zu erziehen, einfach überhaupt und insgesamt nicht genug zu tun – sie waren und sind mein ständiger Begleiter.« (Korber, 2012, S. 148)

Aber welche Mutter oder welcher Vater verhält sich immer pädagogisch wertvoll? Zumal, wenn sie einer besonderen Belastung ausgesetzt sind?

Kampf um staatliche Hilfen

Hinzu kommt der ständige Kampf um staatliche Unterstützung, wie um die Finanzierung von Einzelfallhelferstunden oder um Gewährung von Therapien. Vieles kann gewährt werden, ist aber verbunden mit Anträgen, dem Besuch von Ämtern und Widersprüchen gegen Ablehnungen.

Um Leistungen zu erlangen, muss die Familie wieder und wieder ihre Geschichte und ihre Situation offenlegen. Sie wird zu einer gläsernen Familie, die vielen Fachleuten Zugang zu ihrer Privatsphäre gewähren muss, um Unterstützung und Hilfe gewährt zu bekommen (Scheele Knight, 2013, S. 179f.). Viele Menschen haben einen Einblick in das Familienleben und seine Geschichte und erlauben sich ein Urteil. Dabei gibt es nicht nur einen

Weg, ein gutes Leben zu führen oder eine gute Mutter oder ein guter Vater zu sein. Mütter wünschen sich von den Professionellen, die sie begleiten, dass sie nicht mit immer neuen Beruhigungsversuchen konfrontiert werden, auch nicht mit Vorwürfen, sondern dass man sich auf ihre ganz eigene Lebensrealität einlässt (Preißmann, 2015, S. 139).

Finanzielle Belastung

In vielen Familien mit Kindern im Autismus-Spektrum gibt es nur ein Einkommen. Meist bleiben die Mütter zu Hause, um sich intensiv um das Kind kümmern zu können. Manchmal ist das auch notwendig, weil kein Kindergartenplatz gefunden wird oder das Kind nur wenige Stunden am Tag die Schule besuchen darf. So kommt es oft auch zu finanziellen Einschränkungen.

Anpassung der Lebensentwürfe

Die Lebenspläne der Eltern müssen der Realität des Zusammenlebens mit einem Heranwachsenden im Autismus-Spektrum angepasst werden. Es gibt Familien, die ziehen um, damit ihr Sohn oder ihre Tochter eine besondere Förderung erfahren oder eine gute Schule besuchen kann.

Was hilft?

> »Bitte gebt den Eltern mehr Informationen darüber, wo sie Hilfe und Unterstützung bekommen!« (Bauerfeind, 2016, S. 335)

Diese elterlichen Belastungen sind vorhersehbar. Man muss also nicht warten, bis die Eltern ausgebrannt und verzweifelt sind.

Pausen ermöglichen

Alle Eltern brauchen Pausen, in denen sie sich erholen und Kraft schöpfen können und in denen sie ein Paar und nicht nur ein Kinderbetreuungsteam sind. Es ist wichtig, dass sie ihre Freundschaften pflegen und Zeit für Hobbies haben. Nicht nur, damit sie neue Energie tanken, sondern auch, weil es die Ablösung vom Kind später leichter macht. Hier sind neben den staatlichen Hilfen auch die Netzwerke von Familie und Freunden gefordert. Erschöpfte, übermüdete Eltern können keine guten Väter und Mütter sein. Wenn die Eltern hingegen eine Nacht durchschlafen und einen entspannten Abend mit Freunden verbringen können, geht es ihnen wahrscheinlich besser. In der Folge werden sie weniger reizbar sein und können ihrem Kind geduldiger und liebevoller begegnen.

Müttern und Vätern macht es oft ein schlechtes Gewissen, wenn sie nicht bei ihrem Kind sind, sondern in einem Biergarten sitzen und das Kind von jemand anderem betreuen lassen. Es ist besser, weniger Zeit mit dem Kind zu verbringen und in dieser Zeit aufmerksam, ausgeruht, emotional stabil und zugewandt sein zu können, als mehr Zeit mit ihm zu haben, in der man aber gereizt, abgelenkt und überfordert ist.

Entlastung finden viele Eltern durch Verständnis der Verwandtschaft, insbesondere vonseiten der eigenen Eltern. Diese besteht sowohl im Vermitteln von Informationen als auch in der zeitweiligen Betreuung des Kindes (Schirmer & Alexander, 2015, S. 187).

Die Großeltern folgen in der Bedeutung der Entlastung gleich auf den Partner. Besonders wichtig sind ihre emotionale, die kindbezogene und die praktisch-materielle Hilfe (Wagatha, 2006, S. 47). Eine Unterstützung der Großeltern führt zu einem reduzierten Stresserleben und einer größeren Lebenszufriedenheit der Eltern (ebd., S. 50).

Großeltern sollten also zuhören und ein verständnisvolles, emotionales Feedback geben. Am besten geben sie unaufgefordert keine Ratschläge.

Es ist wichtig, dass die Eltern auch die Möglichkeit haben, sich von den Empfehlungen der Großeltern abzugrenzen und ihren eigenen Erziehungsvorstellungen zu vertrauen (Guhlmann, Herlan & Sarimski, 2020, S. 27). Falls sich die Großeltern die Betreuung der Kinder im Autismus-Spektrum nicht zutrauen, können sie auch die Familie unterstützen, indem sie kochen, backen oder einkaufen oder sich um Geschwisterkinder kümmern.

Angebote, wie von der Stiftung *Kind und Autismus*, die die Eltern entlasten und dem Kind ein vertrautes und entwicklungsförderndes Umfeld bieten, wären auch an anderen Orten wünschenswert. Dort werden den Schulkindern in der Woche regelmäßige Übernachtungen angeboten. Betreut werden sie dabei von ihnen vertrauten Personen. Zusätzlich gibt es jährlich fünf Entlastungswochenenden und in den Ferien noch einmal für insgesamt vier Wochen einen kostenlosen Aufenthalt.

Koordinierte Angebote
Sinnvoll wäre eine Person, die die Arbeit der Vertreter unterschiedlichster Professionen (medizinische und therapeutische Dienste, Jugendamt, Schule, nachschulische Hilfen usw.) koordiniert. Unnötige Wiederholungen, Konkurrenzen und damit Belastungen der Familien könnten verhindert werden. Eltern sollten davon entlastet werden, ihre Geschichte und die Entwicklung ihres Kindes immer wieder und jedem Professionellen (Kinderarzt, Jugend-

amt, Pädagogen ...) von Neuem erzählen zu müssen. Digitaler Datenaustausch und eine Schweigepflichtentbindung wären leicht umsetzbare Maßnahmen.

Beratung und Selbsthilfe
Für ihre eigene Psychohygiene brauchen viele Eltern Beratung hinsichtlich der Klärung, wie der Autismus ihres Kindes entstanden sein könnte, des Umgangs mit den Verhaltensbesonderheiten ihres Sohnes oder ihrer Tochter sowie des Umgangs mit den Besonderheiten in der Kommunikation mit ihm oder ihr (Eckert, 2004, S. 66ff.).

Manche der besonderen Herausforderungen, vor denen die Eltern von Kindern im Autismus-Spektrum stehen, sind in dem Kind begründet, dessen Verhalten gelegentlich so unerklärlich erscheint. Andere im Umfeld, das wenig hilfreich ist.

Beide Belastungen, die Hilflosigkeit, die aus dem rätselhaft erscheinenden Verhalten ihres Kindes resultiert und das wenig unterstützende Umfeld könnten durch Informationen und tatkräftige Unterstützungen durchaus reduziert werden. Eltern von Kindern im Autismus-Spektrum sind nicht von Anfang an Autismus-Experten.

Die Suche nach Hinweisen darüber, wie man den Alltag mit ihrem besonderen Kind gut gestalten, wie man es unterstützen und fördern kann und welche Hilfen möglich sind, ist kraft- und zeitraubend. Manchmal führt sie auch in die Irre. Der Zugang zu einer Selbsthilfegruppe kann entlasten:

> »Ich beneide ja alle die, die heute im Prinzip schon mit einem zwei- oder dreijährigen Kind zu uns, zu der Elterngruppe finden. Weil ich ja nun erst mit Sieben oder Acht auf die Idee kam, dass ich mich mal mit anderen austauschen könnte. Ich denke, das ist total wichtig. Mich erdet das immer wieder, weil ich sehe, andere haben auch Probleme.« (Schirmer & Alexander, 2015, S. 177)

Hilfen bei der Beantragung von Maßnahmen
In der Bundesrepublik gibt es viele staatliche Unterstützungsmöglichkeiten. Man muss aber wissen, wo und wie man sie beantragt, um Zugang zu ihnen zu erhalten. Einige Familien brauchen Hilfe, damit sie den Antragsdschungel bewältigen. Manchmal erzählen Eltern auch von demütigenden Erlebnissen in Ämtern und bei Behörden.

Finanzielle Entlastung
Es ist wichtig, dass die Eltern über Möglichkeiten finanzieller Unterstützung informiert werden. Sie reichen vom Pflegegeld bis zu Steuererleichte-

rungen, werden aber nicht automatisch gewährt. Informationen kann man u. a. erhalten

- in Netzwerken der Selbsthilfe
- auf der Webseite des Bundesverbandes *autismus Deutschland e. V.*
- in tabellarischer Form, die sowohl die Leistungen als auch die Möglichkeiten der Beantragung umfassen im Buch *Diagnose Autismus – wie geht's weiter?* von Silke Bauerfeind (2020, S. 129ff.)
- bei der *Lebenshilfe e. V.*
- beim BVKM (Bundesverband für körper- und mehrfachbehinderte Menschen). Er bietet z. B. ein verständliches Merkblatt zur Beantragung von Leistungen aus der Pflegeversicherung an.
- bei den kostenlosen und unabhängigen Beratungsstellen der EUTB. Hier beraten Menschen, die eine Behinderung haben und so aus einem eigenen Erfahrungsschatz schöpfen können.

Einen Antrag auf Feststellung eines Grades der Behinderung (GdB) kann man beim Versorgungsamt stellen.

27. Frage: Ist der Autismus ein Risikofaktor für die Bindung zwischen Eltern und Kind?

> *»Sobald ich ihn im Arm hielt, gab es [...] nur Geschrei. Ich merkte allmählich, dass ich ein Kind hatte, dem man kein Lächeln abgewinnen konnte, das keinen Blickkontakt zu uns hielt und scheinbar keine Nähe wollte.«* (Preißmann, 2015, S. 67)

Es gab eine Zeit, in der tragischerweise davon ausgegangen wurde, dass Mütter schuld seien, wenn ihr Kind im Autismus-Spektrum ist und dass sie keine angemessene Bindung an ihr Kind entwickeln könnten. Zum Glück ist diese Theorie überholt.

Es geht also bei dieser Fragestellung gar nicht um eine Schuldfrage, sondern um das Nachdenken darüber, wie man die Beziehung zwischen Eltern und ihren Kindern im Autismus-Spektrum stützen kann. Und um auf die Frage dieses Kapitels zu antworten: Ja, der Autismus als soziale Sehbehinderung oder Blindheit kann die Eltern-Kind-Beziehung stören.

Der Begriff der Bindung bezeichnet eine warmherzige, intime und stetige Beziehung, die für beide Partner Befriedigung und Genuss bringt (Bowlby, 2005, S. 11). Für das kleine Kind ist die Bindung an die Eltern überlebenswichtig. Es ist auf liebevolle Fürsorge und Zuwendung angewiesen. Es hat sich gezeigt, dass Pflege und Versorgung allein nicht ausreichen, damit ein Kind sich gut entwickelt.

Das Entstehen der so wichtigen Bindung zwischen Eltern und Kind ist mehrfach abgesichert. Zum einen sorgen Hormone und Neurotransmitter für ihre Entwicklung und Aufrechterhaltung. Zum anderen entsteht sie aber auch durch gemeinsam verbrachte Zeit, die überwiegend als angenehm erlebt wird. Eltern macht es glücklich, wenn ihr Baby sie anlächelt und sich an sie schmiegt. Dann sind durchwachte Nächte und anstrengende Tage vergessen. Die Bindung des Kindes an seine Eltern führt dazu, dass sie besonders oft diese kindliche Zuwendung erhalten. Das stärkt sie.

Auf der Verhaltensebene sind für ein harmonisches Miteinander die Reaktionen von Kind und Eltern perfekt aufeinander abgestimmt, ohne dass Eltern oder Kind das bewusst steuern müssen. Eltern nehmen intuitiv Körperkontakt mit ihrem Kind auf, sie nehmen es in den Arm, wiegen es, schauen und lächeln es an und sprechen mit ihm. Mit traumwandlerischer Sicherheit wählen sie dabei einen Abstand zum Kind, der seinen Wahrnehmungsmöglichkeiten gerecht wird. Sie sprechen mit hoher Stimmlage zu ihm und machen ihre Augen groß, um dem Baby den Blickkontakt zu erleichtern. Das Kind erlebt Trost, Schutz und Geborgenheit.

Die Babys reagieren mit Blickkontakt und Lächeln und regulieren das Kontaktangebot durch Zu- oder Abwendung auf ein für sie angemessenes Maß. Daneben ist es auch ihr spezifischer Geruch, der die Bezugspersonen dazu motiviert, weiter beim Kind zu bleiben.

In emotional belastenden Situationen, z. B. bei Müdigkeit, in neuen Situationen, bei unbekannten Personen, Angst, Krankheit oder Trennung beginnen die Kinder zu jammern, zu weinen, zu schreien und zu saugen. Dieses Verhalten löst bei den Eltern Stress aus. Gibt es eine räumliche Distanz, begeben sich Mutter oder Vater zum Kind und versuchen es zu trösten. Sie bieten ihm Körperkontakt an, sprechen leise mit ihm oder die Mutter stillt es. Das Kind beruhigt sich. Es kann wieder sicher und geborgen seine Welt erkunden.

Dieses Verhalten des Kindes und seiner Eltern passt zueinander wie ein Schlüssel in sein Schloss. Wenn es in der Beziehung zu Störungen kommt, kann die Ursache bestehen in

- inadäquatem Verhalten der Eltern, z. B. aufgrund eigener psychischer Erkrankungen oder durch Vernachlässigung,

27. Frage: Ist der Autismus ein Risikofaktor für die Bindung zwischen Eltern und Kind?

- einer Behinderung des Kindes, das deshalb seinen Eltern nicht die Kontakt- oder Antwortsignale geben kann, die diese brauchen, damit sich die Beziehung harmonisch gestaltet
- Beeinträchtigungen sowohl auf der Eltern- als auch auf der Kindesseite.

Bindungsrisiken

Es gibt Kinder im Autismus-Spektrum, die ihren Eltern Signale geben, die den Aufbau von Bindung erschweren. Einige Babys weinen und jammern z. B. ununterbrochen. Sie sind sogenannte Schreikinder. Die Eltern erleben sich als inkompetent. Sie machen die Erfahrung, dass sie ihr Kind nicht beruhigen können. Das, was sie intuitiv mit ihrem Kind machen (Papoušek, 1998, S. 31ff.), funktioniert nicht so wie bei anderen Kindern und niemand erklärt ihnen, wie sie es anders machen sollten.

> »Dass Lukas irgendwie anders tickte als Tim wurde schon bald offensichtlich, denn er schrie aus uns oft nicht ersichtlichen Gründen markerschütternd und durchdringend die ersten sieben Monate seines Lebens. Und er kam – obwohl offensichtlich übermüdet – niemals zur Ruhe.« (Danne, 2010, S. 19f.)

Andere Kinder im Autismus-Spektrum scheinen bedürfnislos und initiieren keinen Kontakt. Sie fordern ihre Eltern nicht dazu auf, sich mit ihnen zu beschäftigen: »Ich war ein sehr ruhiges Baby. Meine Mutter musste mich zum Stillen aufwecken« (Preißmann, 2016, S. 52). »Warum scheint mein Kind mich gar nicht zu brauchen?«, ist dann eine naheliegende Frage.

Beide Verhaltensweisen des Kindes stören die intuitive Kommunikation und verunsichern die Eltern. Sie erleben sich in ihrer Elternrolle als inkompetent und überfordert. Mütter von Kindern im Autismus-Spektrum schätzen tatsächlich auch ihre Erziehungskompetenz niedriger ein als Mütter von Kindern mit Down-Syndrom oder ohne Entwicklungsbeeinträchtigung (Schlitt, Berndt & Freitag, 2015, S. 54).

Eltern machen alles so gut, wie sie können. Dass ihr Kind seine Welt anders erlebt, können sie nicht wissen. Und da sie gar nicht wissen, was sie anders machen könnten, fördern sie die kindliche Entwicklung nicht in dem Maße, in dem es möglich wäre.

Was hilft?

Es ist wichtig, dass Eltern Vertrauen in die eigenen Fähigkeiten zur Bewältigung der besonderen Anforderungen haben (Sarimski, 2005, S. 178). Um die zu verbessern, könnten sie an speziellen Trainingsprogrammen teilnehmen. Deren Ziel ist u. a. die Erweiterung des Wissens über Autismus, eine Verbesserung der Erziehungskompetenz und eine emotionale Unterstützung der Eltern. Je größer die Selbstwirksamkeitserwartung der Eltern ist, desto geringer ist ihre Belastung. Im deutschsprachigen Raum existieren verschiedene evaluierte Programme:

- Für Kinder ab dem 2. bis zum 5. Lebensjahr: BET (Bremer Elterntraining) (www.ifa-bremen.de)
- Für Kinder zwischen drei und sechs Jahren: TASK (Training Autismus Sprache Kommunikation) von Fröhlich, Noterdaeme, Joos & Buschmann (2014)
- Für Kinder zwischen fünf und 12 Jahren: FETASS – Freiburger Elterntraining für Autismus-Spektrum-Störungen (Brehm, Schill, Biscaldi & Fleischhaker, 2015)
- Für das Vorschul- und Jugendalter: FAUT-E Frankfurter Autismus-Elterntraining (Schlitt, Berndt & Freitag 2015).

Wo Elterntrainings angeboten werden, erfahren die Eltern am besten bei den regionalen Selbsthilfegruppen oder im Internet.

Um die Beziehung zu intensivieren kann es sinnvoll sein, sich auf die Aktivitäten des Kindes einzulassen. Bei kleinen Kindern oder Menschen mit großem Unterstützungsbedarf kann es helfen, ihre Handlungen zu imitieren, z. B. mit Sand zu rieseln.

Bei anderen ist es unterstützend, Aufmerksamkeit für die speziellen Interessen aufzubringen, ohne sich davon dominieren zu lassen. Es könnten z. B. täglich Zeiten reserviert werden, in denen über das Lieblingsthema gesprochen wird oder mit dem Sohn regelmäßig auf den Fußballplatz zu gehen. Wie wunderbar, wenn die Interessen von Vater und Sohn übereinstimmen!

Positive Rückmeldung über Entwicklungsfortschritte des Kindes und die elterliche Förderung können dazu führen, dass die Eltern ihre Tochter bzw. ihren Sohn aus einer neuen Perspektive sehen. Insbesondere Mütter wünschen sich ein solches Feedback (Wagatha, 2006, S. 44). Es führt dazu, dass sich die Eltern als kompetenter und sicherer im Umgang mit ihrem Kind erleben.

28. Frage: Was hat Erziehung mit Glück zu tun?

>»Mir hat nie jemand gezeigt, wie man sich in verschiedenen Situationen verhält, man hat mich nur kritisiert, wenn ich etwas falsch gemacht hatte.« (Preißmann, 2015, S. 32)

Stellen Sie sich vor, sie besuchten ein Eiscafé. Sie beobachten einen Gast, der hinter den Tresen läuft und aus allen Eiskübeln schleckt. Die Personen, die ihn begleiten, versuchen nach Kräften, ihn daran zu hindern. Sie erklären ihm, dass er das nicht dürfe und haben ihm auch bereits ein Eis gekauft. Doch es handelt sich um einen großen, kräftigen Erwachsenen, der sich nicht beirren lässt in seinem Vorhaben. Der Besitzer des Ladens muss den Verkauf aus Hygienegründen einstellen. Er fordert Schadensersatz und verweist den Gast und seine Begleiter des Cafés. Ob sie ihn so bald wieder ins Eiscafé mitnehmen werden?

Soziale Regeln und Teilhabe

Damit jemand teilhaben kann an der Gesellschaft, damit er ins Eiscafé gehen, in der Schule lernen oder eine Ausstellung besuchen kann, muss er in der Lage sein, soziale Normen einzuhalten. Er muss z. B. in der Eisdiele wissen, in welchen Bereichen er sich aufhalten darf. Er muss warten können, bis er sein Eis erhält, darf nicht das Eis anderer Gäste essen und nicht in den Mülleimer urinieren. Woher wissen die meisten Erwachsenen das? Wie haben sie das gelernt?

Neurotypische Menschen sind motiviert, soziale Regeln zu erlernen. Im weitesten Sinne kann man zu den Regeln auch die Werte der Gemeinschaft zählen. Alle Gruppen, nicht nur menschliche, haben ihre eigenen. Man nennt das auch *Kulturen* (Pinker, 2011, S. 240).

Bei dem Begriff *Kultur* dürfen wir nicht nur an Unterschiede zwischen verschiedenen Völkern denken. Sie können auch bestimmte Altersgruppen umfassen. Wir sprechen z. B. auch von einer *Jugendkultur*, die eine eigene Sprache und eigene Gepflogenheiten beinhaltet.

Damit eine Person Teil einer Kultur sein kann, muss sie also die Regeln der Gruppe kennen. Es geht nicht darum, dass sie marionettenhaft eingehalten werden müssen. Aber die Person muss wissen, was sie riskiert, wenn sie sie nicht einhält – und z. B. aus dem Eiskübel nascht. Ohne dieses Wissen wird sie im Extremfall aus der Gruppe ausgeschlossen. Das ist heute genauso wie es vor 100 000 Jahren war. Gefängnis ist z. B. ein strafender

Ausschluss aus der Gemeinschaft. Heute besteht außerdem die Gefahr, dass unangepasstes Verhalten pathologisiert und damit als »krank« bezeichnet wird (Frances, 2013).

Damit eine Person ihren Platz in der Gruppe einnehmen kann, muss sie darüber hinaus ein Selbstbewusstsein entwickeln. Dazu gehört, dass sie sich ihrer Stärken und Schwächen und ihrer Bedürfnisse bewusst wird. Auch das ist Teil der Erziehung.

Keine Angst vor Erziehung!

Die Vermittlung dieses Wissens und Könnens und das Kennenlernen des eigenen Potentials und der Wünsche gehören also zur Erziehung. Meist erfolgt sie in der Kindheit und Jugend durch die Familie, aber auch durch die Gruppe der Gleichaltrigen und durch Institutionen wie Kindergarten und Schule.

Keine Angst also vor dem Erziehen! Es bedeutet Chancen dafür zu geben, Teil einer Gemeinschaft sein zu können. Regeln, die man nicht kennt, kann man nicht einhalten. Wenn man nicht weiß, was man will, kann und wobei man Unterstützung braucht, findet man seine Rolle in der Gemeinschaft nicht.

Biologische Lernvoraussetzungen für Sozialverhalten

Neurotypische Kinder sind biologisch bestens darauf vorbereitet, in einem kulturellen Kontext heranzuwachsen und zu leben (Tomasello, 2010, S. 84). Angeborene Verhaltensmuster, z. B. das Bedürfnis nach Kontakt und liebevoller Zuwendung, legen den Grundstein für die Entwicklung eines Programms, mit dem das Kind von seiner frühesten Kindheit an soziale Kompetenzen erwirbt. Sie ermöglichen ihm die Einpassung in das Umfeld, in das es hineingeboren wurde.

Kinder, die jünger als drei Jahre sind, spüren noch keine Verpflichtung, soziale Normen einzuhalten (Bischof-Köhler, 2011, S. 416). Doch schon im Alter von drei Jahren haben sie ein Interesse daran, Normen zu beachten und auch deren Einhaltung selbst aktiv durchzusetzen (Tomasello, 2010, S. 42f.). Sie versuchen sogar eigenmotiviert, soziale Normen und Regeln in ihnen unbekannten Situationen zu entschlüsseln und einzuhalten (ebd., S. 40).

Emotionen helfen ihnen dabei. Regeleinhaltung wird von der Gruppe anerkannt. Anerkennung ist eine wichtige Belohnung für neurotypische Menschen (Csikszentmihalyi & Csikszentmihalyi, 1991, S. 39). Sie macht stolz.

Das ist eine positive Emotion. Regeleinhaltung führt also durch das soziale Feedback zu angenehmen Gefühlen, lohnt sich deshalb und wird darum wiederholt.

Abweichungen von Regeln hingegen erfahren ein negatives Echo von der Gemeinschaft. Die Person schämt sich oder fühlt sich schuldig. Das ist unangenehm. Um diese unangenehmen Gefühle zu vermeiden, wird sich die Person beim nächsten Mal eher regelkonform verhalten.

In der eigenen Kultur erwerben neurotypische Kinder Regeln scheinbar mühelos. Aber die Regeln verändern sich auch noch regelmäßig. Corona hat z. B. die Art und Weise, wie man Mund und Nase beim Niesen bedeckt, verändert. Man muss als Gruppenmitglied die Regeln also ständig aktualisieren und sich an Veränderungen anpassen.

Was für ein kompliziertes System und wie spielerisch gelingt das den meisten Menschen! Jedes Kind hat eine unglaubliche Fülle sozialer Verhaltensweisen zu erlernen, um sich in seine Kultur gut einzupassen. Wenn man sich im Urlaub in einem unbekannten Kulturkreis befindet, kann einem dies bewusstwerden. Man macht dort Fehler.

Die Lernvoraussetzungen von Menschen im Autismus-Spektrum

Menschen im Autismus-Spektrum haben besondere Lernvoraussetzungen für ihr Sozialverhalten. Ihre soziale Blindheit oder soziale Sehbehinderung führt dazu, dass sie die Regeln nicht so spielerisch leicht lernen wie neurotypische Kinder. Für sie ist es ungleich schwerer, es bedeutet eine Anstrengung, die man nicht unterschätzen darf:

> »Um als Mensch mit Autismus in der Gesellschaft bestehen zu können benötigt man Ressourcen, die für andere verzichtbar sind. Ressourcen für das Durchdenken und Speichern sozialer Situationen im Gedächtnis. Wo intuitives oder spontanes Handeln den meisten Menschen genügt, benötigen Menschen mit Autismus etwas sehr viel stärker Konstruiertes.« (Schovanec, 2015, S. 97)

Auch die biologischen Mechanismen, die dafür sorgen, dass die Rückmeldungen anderer Menschen angenehme oder unangenehme Emotionen hervorrufen, sind beeinträchtigt. Das macht auf der einen Seite unabhängiger. Es erschwert aber die Vermittlung der Regeln, wie eine Mutter resümiert: »Und wieder stand die Frage im Raum, warum Benjamin weder Lob noch Beachtung für seine Leistung erwartete.« (Maus, 2013, S. 24)

Sofern Menschen im Autismus-Spektrum eine intrinsische Motivation zur Einhaltung sozialer Regeln haben, ist deren Vermittlung wesentlich einfacher. Oftmals allerdings fehlt sie. Kinder im Autismus-Spektrum haben dann keinen Grund zur Regeleinhaltung. Soziale Regeln sind Vereinbarungen und nicht unbedingt logisch.

> »Nach einigen Monaten besucht uns der Onkel Lehrer Bartels, [...] und mahnt an, dass ich ihn in der Schule immer mit ›du‹ anrede und dass ich lernen müsse, wie die anderen Kinder auch ›Sie‹ zu sagen.
> ›Ja, aber du bist doch nicht mehrere!‹, schießt es aus mir raus. ›Du bist doch nur EINE Leut. ›Sie‹, das sind immer mehrere Leute!‹
> ›Jeden Menschen, der nicht zum privaten Freundeskreis gehört, den spricht man mit Sie an!‹
> »Dann müssen Sie mich aber auch mit Sie anreden!«, stellte ich fest. [...]
> Die Diskussion dreht sich im Kreis, da es einfach für mich keinen einsichtigen Grund gibt, den Onkel Bartels auf einmal mehrere Leute sein zu lassen.« (Schmidt, 2013, S. 77)

Da sie keine soziale Verpflichtung zur Einhaltung der Regel spüren, kann man sie durch Erklärungen kaum überzeugen. Oftmals wird von ihnen sogar unangemessenes Verhalten schneller gelernt als angemessenes, weil es so eindrucksvolle Reaktionen bei anderen Menschen hervorruft.

Hinzu kommt, dass das konkrete Denken und die Umstellungserschwernis dazu führen, dass Regeln nur schlecht an veränderte Situationen angepasst werden können. Eine einmal gelernte Regel ist eine Regel und wird eingehalten: »Es gibt Regeln. Unglaublich viele Regeln, seltsame Regeln. Belastende Regeln – und Regeln werden nicht gebrochen. Also gar nicht gebrochen. Regelbruch bedeutet Eskalation«, klagt ein Vater (von Juterczenka, 2017, S. 26).

Auch wenn es wichtig ist, jeden Menschen grundsätzlich wertzuschätzen, heißt es nicht, dass man sein Verhalten immer akzeptieren muss. Menschen im Autismus-Spektrum müssen die sozialen Regeln lernen, die ihnen die Teilnahme an den Situationen ermöglichen, die ihnen wichtig sind.

Es ist sogar Ausdruck des Respektes vor einem Kind, wenn man grundsätzlich davon ausgeht, dass es lernen kann. Wenig wertschätzend ist es dagegen, angesichts einer Behinderung davon auszugehen, dass für diesen Menschen allgemeingültige Regeln nicht gelten und er sie deshalb nicht lernen muss.

Oft übertreten Heranwachsende Regeln und werden dafür getadelt oder sogar bestraft. Mitunter entsteht eine Spirale aus Regelübertritt, Schimpfen, weiterer Regelübertritt, noch mehr Schimpfen usw. Dies ist unangenehm und kraftraubend für alle und vergiftet die Beziehung.

Erziehung umfasst aber noch einen weiteren, wichtigen Aspekt. Ein zufriedenes Leben ist eines, in dem man in Übereinstimmung mit seinen Bedürfnissen lebt. Viele Menschen im Autismus-Spektrum erkennen ihre Bedürfnisse nicht ohne Hilfestellung. Sie brauchen Unterstützung, um herauszufinden, was ihnen guttut und was nicht.

Was hilft?

Damit ein Mensch eine Regel einhalten kann, sind drei Voraussetzungen notwendig:

1. Er muss die Regel kennen.
2. Er muss einen Grund haben, sie einzuhalten.
3. Es muss ihm generell möglich sein, die Regel einzuhalten.

Menschen im Autismus-Spektrum lernen die Regeln zwar nicht so nebenbei wie neurotypische Menschen. Aber sie können sie lernen.

Autismusspezifische Techniken, um Regeln und ihre Konsequenzen zu erklären

- *Konsequenzpläne* (Schirmer, 2019, S. 80f.) bieten sich an. Hier werden ausgehend von einer Ausgangssituation visuell zwei verschiedene Verhaltensweisen mit ihren Konsequenzen dargestellt. Die Pläne können auf unterschiedlichen Abstraktionsebenen gestaltet werden: mit Fotos, Zeichnungen, Piktogrammen oder auch mit Schrift. Wichtig ist, dass die angekündigten Konsequenzen verlässlich sind.
- Eine weitere Möglichkeit besteht im Einsatz einer *Social Story* (Gray, 2014). Sie beschreibt eine soziale Situation so, dass die damit zusammenhängenden Regeln, ihr Ablauf und die Erwartungen an sein Verhalten verständlich werden.
- Auch eine *Comic-Strip-Conversation* kann bei der Regelvermittlung hilfreich sein. Sie wird wie ein Comic gezeichnet und kommt dem visuellen Denken eines Menschen im Autismus-Spektrum entgegen. So kann er ein Geschehen leichter nachvollziehen oder vorausplanen. Innere Vorgänge bei den beteiligten Personen sowie unsichtbare Anteile der Kommunikation werden comicartig dargestellt (Gray, 2011).
- *Soziale Fotogeschichten für Kinder mit Autismus* (Baker, 2014) stellen soziale Situationen mit Hilfe von Fotos in Kombination mit Sprech- und Gedankenblasen dar. Hierbei werden angemessene und unangemessene Ver-

haltensweisen gegenübergestellt. Die Methode eignet sich für Menschen, die Schwierigkeiten mit dem Verstehen verbaler Sprache haben.

Regeleinhaltung muss sich lohnen
Für neurotypische Menschen sind Anerkennung und Gruppenzugehörigkeit wichtig. Sie halten sich deshalb an viele Regeln.

Was aber ist die Motivation eines Menschen im Autismus-Spektrum? Da seine soziale Motivation oft nicht ausreicht, braucht er eine andere, damit er sich an wichtige soziale Regeln halten möchte. Um sie zu finden ist es notwendig, sich zu überlegen, was für den Menschen wichtig ist.

Statt mit Negativkonsequenzen zu arbeiten, kann man die Sache auch umdrehen und mit positiven Folgen arbeiten. Wer es geschafft hat, nur das eigene Eis zu essen und den anderen ihres zu lassen, kann bald wieder in die Eisdiele gehen. Darum geht es doch: Was muss man können, damit man tun kann, was einen glücklich macht und damit man nicht dauerhaft die Bedürfnisse andere Menschen einschränkt.

Wenn die Regeln erklärt und die Konsequenzen vorher besprochen worden sind, werden Schimpfereien oder Strafen überflüssig. Man hält sich nur an die vorher angekündigten Folgen des Handelns.

Stress reduzieren
Um Regeln einhalten zu können, muss man Kraft dafür haben, sein Verhalten zu steuern. Zu erziehen bedeutet auch dabei zu unterstützen, dass man die Regeln einhalten kann, d.h. nicht so unter Stress gerät, dass Handlungssteuerung unmöglich wird. Eltern sollten also beobachten, was ihrem Sohn oder ihrer Tochter Stress verursacht. Sie müssen ihnen helfen,

- diese Situation zu vermeiden (also z.B. das Fahrrad statt des vollen Busses zu nehmen) oder
- Strategien des Umgangs zu lernen (Kopfhörer im Bus zur Geräuschunterdrückung aufzusetzen und einen Rucksack zu tragen, um andere Menschen auf Abstand zu halten).

Bedürfnisse entdecken
Kinder und Jugendliche im Autismus-Spektrum wissen oft nicht, was ihnen gefallen könnte oder was nicht. Gut vorbereitete Angebote sind eine Möglichkeit, das herauszufinden. Man kann nicht sicher wissen, ob einem etwas gefällt, wenn man es nicht versucht. Gerade in der Lebensbegleitung von Menschen im Autismus-Spektrum, die nicht über eine differenzierte

Verbalsprache verfügen, muss man genau beobachten, in welchen Situationen sie Wohlbefinden zeigen.

29. Frage: Machen Stereotypien glücklich und zufrieden?

»*Nach kurzer Zeit bildete sich aus dieser Begeisterung ein Muster, das Belohnung in sich selbst fand. Hunderte Male hintereinander drückte ich die Klinke nach unten, ließ sie nach oben federn und berauschte mich an dem zweifachen Auf und Ab.*« (Brauns, 2002, S. 30)

Axel Brauns, ein Mann im Autismus-Spektrum, drückte die Türklinke nicht, um die Tür zu öffnen, sondern weil es so schön war, deren Auf und Ab zu beobachten. Es handelt sich bei Stereotypien um sich wiederholende Bewegungsmuster, deren Zweck sich nicht durch Beobachtung erschließt wie das Türklinke drücken, Wedeln mit den Händen oder Schaukeln mit dem Oberkörper.

Wer Kinder im Autismus-Spektrum in ihren Stereotypien beobachtet, erlebt sie in einem Flow (▶ 7. Frage). Sie wirken in ihrem wiederholenden Tun hoch konzentriert und zugleich entspannt und glücklich.

Stereotypien treten so häufig bei Menschen im Autismus-Spektrum auf, dass sie im DSM-5 sogar extra erwähnt werden:

»*Stereotype oder repetitive motorische Bewegungsabläufe, stereotyper oder repetitiver Gebrauch von Objekten und Sprache (z. B. einfache motorische Stereotypien, Aufreihen von Spielzeug oder das Hin- und Herbewegen von Objekten ...).*« (Falkai & Wittchen, 2015, S. 64)

Die Funktion von Stereotypien

Dass Stereotypien funktionslos erscheinen, bedeutet aber nicht, dass sie funktionslos sind. Ihre Bedeutung besteht in der Erregungsregulation. Das, was oft als »gestörtes« Verhalten von Menschen im Autismus-Spektrum beschrieben wird, ist die Reaktion auf eine andere Form der Wahrnehmung und damit zunächst einmal eine Kompetenz.

Alle Organismen streben nach einem mittleren Erregungsniveau. Sie versuchen, ein Übermaß an Reizen zu reduzieren oder im entgegengesetzten Fall auch die Reizvielfalt zu erhöhen, wenn das Niveau unter ein bestimmtes Level fällt (Csikszentmihalyi & Csikszentmihalyi, 1991, S. 59). Sowohl ein zu hohes als auch ein zu niedriges Erregungsniveau sind auch für Menschen unangenehme physiologische Zustände (Raine, 2015, S. 64).

Hier können Stereotypien regulieren. Sie dienen der Wiederherstellung eines mittleren Erregungsniveaus. Das garantiert das größte Wohlbefinden und ist zugleich eine Voraussetzung, um gut lernen zu können.

Leider kann man an einer Stereotypie nicht erkennen, ob sie dazu dient, ein zu hohes Erregungsniveau zu reduzieren oder ob sie ein zu niedriges Erregungsniveau anheben soll.

Formen der Stereotypie

Es gibt drei Formen von Stereotypien. Die ersten beiden senken ein zu hohes Erregungsniveau.

1. Die erste nennt man *stimming*. Dabei handelt es sich um ein Verhalten, das die Konzentration auf eine andere Tätigkeit unterstützt. Auch viele neurotypische Menschen kennen das: Sie kritzeln während des Telefonierens Blümchen auf einen Zettel oder laufen ziellos auf und ab. Das tun sie, um sich besser auf ihr Gespräch konzentrieren zu können. Stimming ist also wie eine Begleitmusik.
2. Die zweite ist ein Verhalten, das dazu dient, die Welt auszublenden.

> »Ich weiß noch, wie ich Sand durch meine Finger rieseln ließ und alles um mich herum vergaß. Ich war von den aufblitzenden Sandkörnern wie hypnotisiert und konnte meinen Blick nicht mehr davon abwenden. Manchmal starrte ich absichtlich auf rieselnden Sand, um die überwältigenden Reize aus meiner Umwelt auszublenden.« (Grandin, 2010, S. 155f.)

Die starke Konzentration auf die angenehmen, sich ständig wiederholenden Wahrnehmungen verhindern aber die Aufnahme von neuen Informationen. Der Mensch ist gefangen in einer Welt sich wiederholender oder nur minimal verändernder Eindrücke. Neue Erfahrungen werden abgewehrt. Das ist ein Lernhindernis.

Diese Abwehr von Informationen geschieht zunächst aus gutem Grund. Die Welt wird als überfordernd erlebt. Das Abschotten ist Entlastung und Schutz. Vertrautes ist deshalb angenehm, weil es für das Gehirn energiesparend zu verarbeiten ist (Zimmermann, 2013, S. 30f.).

3. Als dritte gibt es noch eine Stereotypie, die ein zu niedriges Erregungsniveau anheben soll. Viele Menschen kennen dieses Verhalten z. B. von

Kindern, die in der frühen Kindheit zu wenige Anregungen erhalten haben. Sie wurden *hospitalisiert*. Oft schaukeln sie mit dem Oberkörper. So versuchen sie, sich in einer reizarmen Umgebung Eindrücke zu verschaffen. Von Zootieren gibt es ähnliche Beschreibungen.[8]

Wenn Menschen im Autismus-Spektrum diese Form der Stereotypie zeigen, heißt es nicht, dass sie in einem anregungsarmen Umfeld groß geworden sind. Vielmehr fehlt ihnen die Kompetenz, sich in unstrukturierten Situationen mit verschiedenen Aktivitäten die Zeit zu vertreiben. Die Stereotypie ist hier ihre einzige Kompetenz.

Gefahr der Dysfunktionalität

Doch was bei der zweiten Form der Stereotypien anfänglich eine sinnvolle Überlebensstrategie ist, kann einen Suchtcharakter annehmen und damit dysfunktional werden. Da das stereotype Verhalten als angenehm erlebt wird, greift das Kind nun auch darauf zurück, wenn es als Schutz gar nicht nötig wäre. Jetzt blockiert es aber die Möglichkeit zu lernen, da sich das Kind mit der Stereotypie von der Welt abschottet. Jedem Kind steht nur eine bestimmte Zeit am Tag zum Lernen zur Verfügung. Wenn das Kind im Autismus-Spektrum wichtige Lernzeit dadurch verliert, dass es durch stereotypes Verhalten keine neuen Lernerfahrungen machen kann, entstehen Entwicklungsrückstände.

Obwohl neurotypische Gleichaltrige auch Wiederholungen lieben, gibt es einen Unterschied zum stereotypen Verhalten der Mädchen und Jungen im Autismus-Spektrum. Irgendwann nämlich, wenn alle Lernprozesse im Zusammenhang mit dieser Tätigkeit abgeschlossen sind, wenden sich neurotypische Kinder etwas Neuem zu. Sie wiederholen nur so lange, bis alles »ausgelernt« ist. Dann beginnen sie etwas anderes.

Stereotypien bestehen bei Menschen im Autismus-Spektrum oft über einen viel längeren Zeitraum. Wenn sie die Umwelt ausblenden können, macht sie das eventuell im Moment glücklich. Sie verhindern aber Zufriedenheit, da das Kind nicht ausreichend Zeit hat, um Kompetenzen zu erwerben, die ihm helfen können sein Leben mitzubestimmen. Ein zufriedenes Leben ist eines, das in Übereinstimmung mit den wichtigsten Bedürfnissen gelebt werden kann. Doch um seine Bedürfnisse befriedigen zu können, bedarf es:

---

8 www.peta.de/eisbaerstereotypie

1. der Kompetenz, sie zu erkennen
2. der Kompetenz, Bedingungen zu schaffen, unter denen sie befriedigt werden können.

Dies kann nur gelingen, wenn Kommunikation und Kooperation möglich sind.

Was hilft?

Stimming
Stimming ist eine Kompetenz. Es hilft einer Person, etwas anderes konzentrierter tun zu können. Stimming zu unterbinden ist deshalb unsinnig.

Stereotypien, die die Welt ausblenden
Verhält sich jemand stereotyp, um so die überfordernde Umwelt auszublenden, ist es zunächst wichtig, eine Lebensumgebung zu schaffen, in der der Schutz vor Überlastung unnötig ist. Dazu muss genau beobachtet werden, in welchen Situationen die Person Stress hat. Vermeidbare Belastungen müssen reduziert werden.

Ist die Notwendigkeit des Schutzes auf diese Weise reduziert, sollte die Person aus ihrer Stereotypie gelockt werden. Man kann z. B. versuchen, sie zu verändern und das Verhalten flexibler zu machen: Statt feinkörnigem Sand zum Rieseln kann man Reis oder Erbsen anbieten. Jede kleine Veränderung des immer gleichen Ablaufs ist eine neue Erfahrung und damit Lernen.

Bekannt geworden ist auch der erfolgreiche Versuch des Ehepaares Kaufman, ihren Sohn aus seinen Stereotypien zu begleiten, indem seine Mutter ihn imitierte. Sie drehte neben ihm tagelang Teller, bis er sich auf ihre Angebote einlassen konnte (Kaufman, 1993). Heute gibt es wissenschaftliche Belege dafür, dass das exakte Nachahmen des kindlichen Verhaltens prosoziales Verhalten fördert (o. A., 2020, S. 7).

Manchmal gelingt es auch, das Kind für andere Aktivitäten zu interessieren, indem man sie sehr attraktiv macht. Wichtig ist: Soll das Kind etwas lernen, darf es nicht mit Stereotypien seine Umwelt ausblenden. Um dem Kind ein zufriedenes Leben zu ermöglichen, muss die Zeit, in der es mit Sand rieselt, eingeschränkt werden, damit es genug Zeit hat, auch andere Dinge zu lernen. Dazu gehören das Kommunizieren und das Kooperieren.

Stereotypien als Stimulation
Wenn ein Mensch sich stereotyp verhält, weil er nichts anderes zu tun hat, braucht er Alternativen. Dazu sollten ihm geduldig Aktivitäten angeboten werden, an denen er Gefallen finden könnte.

»Unstrukturierte Zeit ist destruktive Zeit«, sagt man oft, da Menschen im Autismus-Spektrum manchmal keine oder nur unzureichende Kompetenzen haben, sich aus einer Palette von Möglichkeiten angenehme Freizeitaktivitäten auszuwählen. Wenn man nur eine einzige Möglichkeit hat, z. B. auf der Couch zu sitzen und mit dem Oberkörper zu schaukeln, ist dies möglicherweise weniger zufriedenstellend als wenn man noch über andere Optionen verfügt. Einige Menschen im Autismus-Spektrum profitieren von einer visuellen Auswahl, die man anbietet. Sie kann mit Hilfe von Piktogrammen, Fotos oder Schrift gestaltet werden. Man kann Bilder auf ein Blatt Papier malen oder auf dem iPad anordnen. Aus diesen Optionen kann dann eine ausgewählt werden. Wieviel verschiedene Aktivitäten man anbietet, hängt vom Entwicklungsstand der Person ab.

30. Frage: Machen Spezialinteressen glücklich und zufrieden?

»*Autistische Menschen zu ihren Interessen und Fähigkeiten zu führen, ist [...] nicht nur ein Weg der gesellschaftlichen Integration, sondern auch ein Weg effektiverer und stabilerer Stressbewältigung und damit zur Steigerung ihrer Lebensqualität.*« (Seng, 2013, S. 19)

Spezialinteressen gehören zum Symptomkatalog einer Autismus-Spektrum-Störung. Als »restriktive, repetitive Verhaltensmuster, Interessen oder Aktivitäten«, werden sie im DSM-5 beschrieben (Falkai & Wittchen, 2015, S. 68). Sie können sich bereits im Alter von zwei bis drei Jahren ausbilden (Attwood, 2008, S. 223).

Die Abgrenzung eines Spezialinteresses von einem Hobby ist nicht einfach. Oft haben erstere eine ungewöhnliche, ein Hobby noch übertreffende Intensität, manchmal auch ungewöhnliche Themen. Dabei ist die Bewertung *ungewöhnlich* kulturell bedingt. Ist denn das Sammeln der Verschlusskappen von Weichspülerflaschen wirklich ungewöhnlicher als das von bereits verwendeten Briefmarken?

In einer Umfrage unter Menschen im Autismus-Spektrum gaben

- 17 % an, sich für ein Thema im Bereich Mathematik oder Technik zu interessieren
- 16 % ein Interesse für das Thema Psychologie
- und jeweils 10 % ihr Spezialinteresse im Bereich Sprache bzw. Musik an (Döhle, 2015, S. 346).

Von der Medizin wird die intensive Beschäftigung mit einem Thema im Sinne eines Spezialinteresses also als pathologisch beschrieben. Doch damit wird man ihr nicht gerecht. Sie ist nämlich auch eine Ressource.

Die Beschäftigung mit dem Spezialthema dient wie ein Hobby der Entspannung. Daneben kann man ein erstaunliches Detailwissen erwerben, wenn man tief in ein Thema eintaucht. Insofern sind die Spezialinteressen eine wichtige Quelle für Glück und Zufriedenheit und zugleich auch Schutz vor Überlastung und Stress (Theunissen, 2018, S. 411). Nicht nur, dass die Beschäftigung mit dem Thema angenehm und entspannend ist. Hier entwickelt eine Person Kompetenzen, die von anderen Menschen gewürdigt werden können.

Wie intensiv sich Menschen im Autismus-Spektrum mit ihrem Spezialinteresse beschäftigen ist unterschiedlich. Einige haben mehrere, denen sie nachgehen.

Oft kann man beobachten, dass sich Menschen im Autismus-Spektrum für ihre eigenen Themen interessieren, für alle anderen aber herzlich wenig. Ihr Spektrum an Interessen ist nicht breit, sondern sehr eng. Das führt dann zu einem inhomogenen Leistungsprofil mit ausgeprägten Leistungsinseln – aber auch besonderen Schwächen.

Was hilft?

> »Dass man ihn mit seinen Spezialinteressen motivieren kann, sich einer für ihn eher unangenehmen Situation zu stellen, ist ein großer Vorteil, der selbstredend auch zu Therapiezwecken eingesetzt wird.« (Stahl, 2020, S. 51)

Manchmal können die Spezialinteressen eine Brücke sein, um Entwicklungsprozesse in anderen Bereichen anzuschieben. Falls es möglich ist, dem Spezialinteresse gemeinsam mit anderen Menschen nachzugehen, eröffnen sich Chancen für soziales Lernen. Der *U-Bahn-Club* ist eine solche Gelegenheit. Seit 1998 treffen sich in München einmal im Monat Menschen im Autismus-Spektrum, deren Hobby der Nah- und Fernverkehr ist (Miksch,

2004). In New York existiert ein ähnliches Angebot: die U-Bahn-Detektive (»Subway Sleuths«).[9]

Sie können zu einem Gespräch verlocken oder helfen, eine Beziehung aufzubauen. Jeder Mensch lässt sich lieber auf Gesprächsthemen ein, die ihn interessieren als auf solche, die ihn langweilen oder überfordern. Das ist bei Menschen im Autismus-Spektrum nicht anders.

Bieten Sie Gespräche im Bereich der Spezialinteressen an und interessieren Sie sich für das, was dieser Mensch gern tut. Es wird sich Ihnen eine interessante und vielleicht unbekannte Welt erschließen. Der Mensch im Autismus-Spektrum wird sich wertgeschätzt fühlen und das Zusammensein mit Ihnen wahrscheinlicher als angenehm erleben. Und so entsteht eine gute Beziehung.

Wenn ein Mensch im Autismus-Spektrum seinen Spezialinteressen allerdings so viel Zeit einräumt, dass andere wichtige Dinge in seinem Leben, wie Schule, Ausbildung, Arbeit, Körperhygiene u. ä. vernachlässigt werden, muss die Zeit eingeschränkt werden. Das kurzzeitige Glück steht sonst der Lebenszufriedenheit im Weg.

31. Frage: Machen Routinen glücklich und zufrieden?

> »Seit einiger Zeit halte ich [...] Referate. [...] Zu den weiteren Vorbereitungen eines solchen Tages, (sic!) gehört, dass [...] die Woche vor allem mit Routine gefüllt ist.« (Köppel, 2014, S. 37)

Gerade in anstrengenden Zeiten hilft es vielen Menschen, vermehrt auf vorhersehbare Abläufe zurückzugreifen. Das Gehirn ist bestrebt, bei der Verarbeitung von Wahrnehmungsinhalten Energie zu sparen. Es versucht deshalb, die Komplexität der Eindrücke zu reduzieren (Cepelewicz, 2019).

Routinen sind Handlungen, die durch wiederholte, gleiche Ausführung zur Gewohnheit geworden sind. Sie garantieren ein Maximum an Vorhersehbarkeit. Dadurch erfordern sie weniger Aufmerksamkeit. Dies ist energiesparend und kann entspannen.

Doch warum beharren Menschen im Autismus-Spektrum auf so auffallend vielen Routinen? Das neurotypische Gehirn erzeugt zur Komplexitätsreduktion pausenlos Modelle, die beschreiben, was in der Welt vor sich

---

9 www.nytransitmuseum.org/learn/subwaysleuths/

geht. Sie betreffen die Umwelt, das eigene Verhalten und das Verhalten anderer Menschen. Ist mein Sitznachbar im Bus genervt durch die Musik, die ich höre? Wird es deshalb Stress geben?

Aus diesen Modellen leitet es Vorhersagen ab, die es immer wieder mit seinen Sinnesdaten abgleicht. Wenn die eingehenden Daten unvollständig sind, füllt das Gehirn die Lücken kreativ. So hat man z. B. die Illusion eines kontinuierlichen Bildes, obwohl durch das Schließen der Augenlider beim Zwinkern der visuelle Input kurzzeitig unterbrochen wird.

Menschen im Autismus-Spektrum haben neurologisch bedingt eine besondere Art, die Sinnesdaten für Vorhersagen zu nutzen. Sie ergeben kein sinnvolles Modell. Die Welt erscheint ihnen chaotisch und unvorhersehbar.

Ihr Festhalten an Routinen und das Vermeiden von Veränderungen gibt ihnen Sicherheit und hilft ihnen zugleich, Energie zu sparen. Ihr Leben steht unter dem Motto: Bitte keine Veränderungen! Und auf keinen Fall Überraschungen! Ein vorhersehbares, geplantes Leben mit vielen Routinen kann sie zufrieden machen, auch wenn es einigen neurotypischen Menschen langweilig erscheint.

Was hilft?

Wenn Routinen und Strukturen einer Person helfen, ein entspanntes Leben führen zu können, sind sie sinnvoll. Sie stellen eine geeignete Kompensationsstrategie dar, um einen anstrengenden Alltag zu meistern. Das wiederum kann glücklich und auch zufrieden machen.

Man sollte Menschen im Autismus-Spektrum deshalb dabei helfen, Routinen und Tagesstrukturen zu entwickeln oder zu halten, wenn schwierige Situationen erwartet werden. In der Corona-Krise bspw. kann es helfen, zur gleichen Zeit wie sonst aufzustehen und zu frühstücken und den Tag ähnlich zu strukturieren, wie wenn man zur Schule, Ausbildung oder Arbeit gehen würde. *Vorhersehbarkeit* ist ein wichtiger Grundsatz der Lebensgestaltung.

Allerdings können die Routinen auch zu einer Belastung des Umfeldes werden. Das kann geschehen, wenn sie die Bedürfnisse anderer einschränken. Da niemand auf Dauer die Rechte einer Gruppe beeinträchtigen darf, ist es notwendig, dass die Person in diesem Fall lernt, von Routinen abzuweichen.

> *»Gegessen wird zu Hause immer am selben Platz und nie an einem anderen. Von demselben Teller und von keinem anderen. Und vor allem darf von deinem Teller kein Dampf aufsteigen. Weshalb ich genötigt bin, dir deine Mahlzeiten*

> fast kalt zu servieren. Ich darf nur links an dir vorbeigehen und niemals rechts. Auf der Treppe müssen wir immer denselben Fuß zuerst aufsetzen und auf der dritten Stufe stehenbleiben. Wenn ich dir aus einem Buch vorlese, muß ich es im selben Zimmer tun, wir müssen dabei immer im selben Sessel sitzen und lange dasselbe Bild auf derselben Seite betrachten. Ich spüre, wie sich in mir ein ungeheurer Widerstand regt und ich meine Fröhlichkeit verliere.« (Lefévre, 1997, S. 51f.)

Das gelingt am besten, wenn man das Prinzip der Vorhersehbarkeit weiterhin berücksichtigt. Es wäre also gut, dem Kind im Vorfeld z. B. mitzuteilen, dass heute auf der Treppe nicht stehengeblieben wird. Hier könnte man mit Bildkarten arbeiten oder auch Social Stories nutzen (Gray, 2014). Es sollte ihm auch erklärt werden, warum von der bisherigen Routine abgewichen wird.

Möglicherweise ist die Situation dennoch für das Kind irritierend und beängstigend, wenn die Mutter nicht auf der dritten Treppenstufe stehenbleibt. Es ist sicher anstrengend für die Eltern, Verzweiflungs- oder Wutausbrüche auszuhalten und dennoch liebevoll zu bleiben. Wenn das Kind aber die Erfahrung macht, dass nichts Schlimmes passiert, wenn man ohne Zwischenhalt auf der dritten Stufe die Treppe hinaufgeht, werden die sich sicher legen.

Manchmal hilft es, wenn man das Kind von seiner unbegründeten Angst ablenkt, z. B. indem man von ihm ganz einfache Dinge verlangt, wie die eigene Nase zu berühren, in die Hände zu klatschen oder wenn man ihm etwas Attraktives zeigt.

32. Frage: Was hat Kommunikationsförderung mit Glück zu tun?

> »In all den Büchern, die ich gelesen hatte, ging es nie darum, wie sehr die fehlende Kommunikation mit unseren Kindern unsere Verbundenheit zu ihnen und unser Glück beeinträchtigen kann.« (Elley, 2020, S. 88)

In den ersten Lebensjahren sind die kommunikativen Möglichkeiten eines Kindes noch gering. Die Erwachsenen reagieren darauf rücksichtsvoll und unterstützend. Seine Bedürfnisse können von seinen Eltern meist gut herausgefunden und befriedigt werden.

Das ändert sich, wenn der Mensch älter wird und sich nicht verständlich machen kann. Dann stehen geringe kommunikative Möglichkeiten seinem Glück und seiner Lebenszufriedenheit im Wege.

So geht es Menschen im Autismus-Spektrum. Sie haben Auffälligkeiten in ihrer Kommunikation. Einige Menschen im Autismus-Spektrum verfügen nicht über eine differenzierte Sprache. Sie können anderen ihre Wünsche nicht verbal verständlich machen. Leider fehlen ihnen meist auch die Möglichkeiten, sie auf andere Weise auszudrücken, wie mit Gebärden, Schrift, Pantomime oder Körpersprache. Das führt zwangsläufig zu Frustrationen. Dass das auch für die Eltern und das gesamte Umfeld schwierig ist, beschreibt Debby Elley als Mutter von Zwillingen im Autismus-Spektrum im Eingangszitat.

Manchmal glauben Eltern oder Betreuer, sie würden die Person so gut kennen, dass sie immer wüssten, was diese möchte. Aber kennen Sie nicht auch Situationen, in denen Sie plötzlich Appetit auf etwas haben, was sie sonst nie essen wollten? Oder in denen sie sich wünschen etwas zu tun, worauf Sie bisher noch nie Lust hatten? Stellen Sie sich vor wie es sein muss, wenn niemand Ihr Bedürfnis erkennt, das Sie allein nicht befriedigen können!

Wer nicht differenziert kommunizieren kann, wird häufiger nicht oder falsch verstanden, ist frustriert, hat weniger Möglichkeiten, Einfluss auf das eigene Leben nehmen zu können und weniger Zugang zu Wissen. Er verhält sich wahrscheinlicher aggressiv (Rohmann & Hartmann, 1988, S. 38).

Andere Menschen im Autismus-Spektrum haben einen guten Wortschatz und machen auch keine grammatikalischen Fehler. Aber sie verstehen alles wort-wörtlich. Ein ironisches »Schön, dass Du auch schon kommst!«, kann dann ebenso wenig verstanden werden wie »Ich habe einen Frosch im Hals.«. Aufforderungen, wie »Guck mal, ob die Kartoffeln schon weich sind!«, könnten die Person veranlassen, die Kartoffeln im Topf anzusehen, statt mit dem Messer zu prüfen, ob sie gar sind. Das führt zu unzähligen Missverständnissen und Konflikten, die niemandem angenehm sind.

Einige Menschen im Autismus-Spektrum sprechen endlos über ihre Spezialinteressen und vermeiden den Austausch über andere Themen. Sie sind oft ratlos, weil sich die Gesprächspartner abwenden. Auch das sind keine Situationen, die glücklich und zufrieden machen.

Was hilft?

> »Ich sehe oft, wie Freunde und Verwandte versuchen, mit Bobby zu sprechen, ihm Fragen zu stellen. ›Wie geht es dir in der Schule?‹, zum Beispiel. Aber sie

> kommen nicht weit. Es ginge viel schneller, wenn sie auf Bobby zukämen, wenn er gerade ein Spiel auf seinem iPad spielt, und ihn fragten: ›Erzähl mir von diesem Spiel. Was musst du da machen?‹ So kommen sie in seine Welt. Es ist ganz einfach!« (Elley, 2020, S. 107)

Kommunikationsförderung ist immer zugleich auch Aggressionsprophylaxe. Sich verständlich machen zu können, reduziert die Wahrscheinlichkeit von Frustrationen.

Je nach Art der Auffälligkeit braucht es natürlich unterschiedliche Formen der Förderung und Unterstützung. Bereits bei den ersten Anzeichen abweichender Verläufe sollte die Entwicklung der Kommunikationsfähigkeit unterstützt werden. Bitte keine Zeit verlieren! Kinder im Autismus-Spektrum sind in diesem Bereich keine Selbstlerner, bei denen man nur geduldig abwarten muss, bis sich die Sprache von allein entwickelt.

Bei der Förderung ist darauf zu achten, dass das Kind im Autismus-Spektrum zunächst lernen muss zu kommunizieren. Das Bedürfnis danach ist nicht immer vorhanden. Einer Untersuchung zufolge kommunizieren neurotypische Schulkinder bis zu 200 Mal pro Stunde, während Kinder im Autismus-Spektrum dies nur drei- bis viermal initiativ tun (Snippe, 2013, S. 80). Man könnte dies als doppelte Benachteiligung verstehen: Zu einer weniger guten Begabung kommen auch noch reduzierte Übungsmöglichkeiten.

Zur Kommunikation verführen
Ein nicht verbal kommunizierendes Kind muss man zur Kommunikation verführen. Das gelingt, indem man es in Situationen bringt, in denen es ein Bedürfnis spürt. Die Kommunikation sollte dazu dienen, es befriedigen zu können.

Es geht darum, möglichst viele Situationen zu schaffen, in denen es dazu motiviert ist. Interessante Spielzeuge könnten z. B. sicht-, aber nicht erreichbar in Regalen liegen, winzige Mengen begehrter Süßigkeiten sich in fest verschlossenen Plastikbehältern befinden oder interessante Handlungen, wie das Schaukeln kurz unterbrochen und nach einer Äußerung des Kindes fortgesetzt werden.

Verbal kommunizierende Menschen motiviert man zur Kommunikation, wenn man mit ihnen über Dinge spricht, die ihnen wichtig sind. Oftmals müssen dabei Regeln aufgestellt werden, wie z. B. die, dass man über ein Thema nicht länger als zwei Minuten redet, bevor der andere wieder etwas sagen kann. Oder, dass man eine Frage nicht öfter als drei Mal stellt, wenn man die Antwort schon kennt, sondern dass man dann eine andere Frage stellen muss. Ein Blatt mit verschiedenen alternativen Vorschlägen kann dabei unterstützen, ein neues Thema auszuwählen.

Sprachverständnis trainieren
Das Sprachverständnis kann in den täglich wiederkehrenden Situationen trainiert werden. Dabei sind zum einen möglichst alle Variablen konstant zu halten, damit das Kind die Situation auch als sich wiederholend erkennen kann. Die Zähne also immer am gleichen Ort und mit der gleichen Zahnbürste putzen. Zum anderen aber muss – als Voraussetzung für den Spracherwerb – die Aufmerksamkeit des Kindes gezielt auf einzelne Objekte gerichtet und danach das Objekt oder die Handlung benannt werden.

Alternative Kommunikationsmöglichkeiten
Wenn sich die verbale Sprache trotz ausreichender Modelle und Förderung nicht wie erwartet entwickelt, sollten alternative Kommunikationsmöglichkeiten angeboten werden. Die Befürchtung, die verbale Sprache würde dann endgültig ausbleiben, kann zerstreut werden: Kinder nutzen problemlos verschiedene Kommunikationsmöglichkeiten auch parallel. Oder wer hätte je von einem Lernanfänger gehört, der im Zuge des Schriftspracherwerbs aufhörte, seine verbale Sprache zu benutzen und zu erweitern?

Bei Kindern mit Autismus-Spektrum-Störung hat man die Erfahrung gemacht, dass insbesondere visuell vermittelte Kommunikationsmöglichkeiten die verbale Sprachentwicklung unterstützen können. Dazu gehört PECS (Picture Exchange Communication System). Es handelt sich hierbei um ein Bilderaustauschsystem, dessen Einsatz aber unbedingt von allen Kommunikationspartnern erlernt werden muss. Es wurde von Lori Frost und Andrew Bondy (2011) entwickelt. Beide hatten beobachtet, dass Kinder im Autismus-Spektrum vor allem dann zur Kommunikation motiviert sind, wenn es um die Befriedigung ihrer Bedürfnisse geht. Regelmäßig finden regional Fortbildungen zur Einführung und Nutzung von PECS statt.[10] Apps wie LetMeTalk sind ebenfalls geeignet.

---

10 www.pecs-germany.com

33. Frage: Was hat Impulskontrolle mit Glück zu tun?

Unter *Impulskontrolle* versteht man zwei Fähigkeiten. Die erste besteht darin, ein augenblickliches Bedürfnis hinausschieben zu können. Die zweite, in der Lage zu sein, es zugunsten eines langfristigen oder wichtigeren Bedürfnisses zu unterdrücken. Wenn jemand also z. B. Appetit auf ein Eis hat, wäre die Fähigkeit, das Eis essen auf den Nachmittag zu verschieben, ein Hinausschieben. Wenn eine Person ganz auf das Eis verzichtet, weil sie nicht zunehmen möchte, wäre das ein Beispiel für das Unterdrücken des Bedürfnisses zugunsten eines subjektiv höherwertigen – der guten Figur in diesem Fall.

Als *Impulsivität* hingegen wird die Unfähigkeit bezeichnet, spontane Reaktion zurückzuhalten. Die Zeit- und Zukunftsebene kann von einem impulsiven Menschen nicht berücksichtigt werden. Er lebt im Jetzt (Barkley, 2005, S. 13). Wenn eine impulsive Person also Appetit auf ein Eis hat, wird sie es immer sofort essen wollen.

Eigentlich könnte man denken, wer immer alle seine aktuellen Bedürfnisse sofort erfüllt, würde besonders glücklich leben. Doch dem ist nicht so. Die Fähigkeit zur Impulskontrolle hat Auswirkungen auf die Lebenszufriedenheit. Erwachsene mit guter Impulskontrolle sind gesünder, seltener verschuldet und weniger oft kriminell. Männer mit der stärksten Impulskontrolle haben ein um 56 % geringeres Risiko einer Herz-Kreislauf-Erkrankung als die anderen (Seligman, 2015, S. 296). Eine gute Impulskontrolle hilft dabei, so zu leben, wie es den eigenen Werten und Idealen entspricht.

Entwicklung der Impulskontrolle

Die Fähigkeit zur Impulskontrolle entwickelt sich schrittweise in Abhängigkeit von der Hirnentwicklung. In den ersten Lebensjahren verbessern sich die neurologischen Voraussetzungen für die Impulskontrolle stark. 18 Monate alte Kinder können zehn bis 35 Sekunden warten, 30 Monate alte Kinder bereits 120 bis 150 Sekunden. Aber sie vermögen es noch nicht, sich von ihrem Bedürfnis zu lösen. Erst ca. im vierten Lebensjahr gelingt der Bedürfnisaufschub (Bischof-Köhler, 2011, S. 359). Die neurologische Entwicklung ist auch dafür verantwortlich, dass die Impulskontrolle in der Pubertät wieder deutlich schlechter wird. Das Gehirn strukturiert sich in dieser Zeit noch einmal neu.

Außerdem ist es für die Impulskontrolle wichtig, dass die Person die kognitive Fähigkeit besitzt, die eigene spätere Bedürfnislage vorauszusehen.

Die kann unabhängig von der augenblicklichen sein. Wenn eine Person also ein Lunchpaket in der Tasche hat, das für den ganzen Tag reichen soll, muss sie einschätzen können, dass sie wohl auch am Nachmittag noch einmal Hunger hat. Wenn sie das kann, ist die Wahrscheinlichkeit größer, dass sie nicht alles am Morgen auf einmal aufisst.

Außerdem ist die Impulskontrolle abhängig von der genetischen Anlage. Wie bei allen Fähigkeiten ist es Zufall, mit welchen Begabungen man auf die Welt kommt. Doch die Anlagen geben immer nur einen Rahmen vor. Wie dieser Rahmen gefüllt wird, ist übungsabhängig. Eltern üben die Impulskontrolle mit ihren Kindern.

Heranwachsende müssen zugleich die Erfahrung machen, dass sie den Eltern vertrauen können. Wenn die also sagen: »Du kannst dein Eis später essen«, muss dem Kind dies mit Sicherheit auch später gewährt werden. Nur dann wird es bereit sein, sein Bedürfnis aufzuschieben. Sind die Eltern nicht verlässlich, wird das Kind kein Risiko eingehen und das Eis sogleich essen wollen (Mischel, 2014, S. 30).

Bei Glukosemangel sinkt übrigens bei allen Menschen die Impulskontrolle (Baumeister & Tierney, 2014, S. 76f.).

Impulskontrolle bei Menschen im Autismus-Spektrum

Impulskontrolle wird im Zusammensein mit anderen Menschen gelernt und geübt. Genau hier liegt aber eine der zentralen Schwierigkeiten von Kindern im Autismus-Spektrum. Die Interaktion mit anderen ist beeinträchtigt. Deshalb gelingen auch Lern- und Übungsprozesse zum Erwerb der Impulskontrolle oft nicht gut.

Menschen im Autismus-Spektrum haben eben besondere Lernvoraussetzungen. Eltern wissen das zunächst nicht. Einige ihrer intuitiven Vermittlungs- und Übungsprozesse misslingen. Viele Kinder, Jugendliche und Erwachsene im Autismus-Spektrum sind deshalb impulsiv. Alles, was sie wollen, möchten sie sofort. Wenn ihnen das nicht gewährt wird, werden sie wütend. Sie haben die Fähigkeit zur Impulskontrolle noch nicht erworben.

Was hilft?

Damit man Impulskontrolle lernen kann, müssen dem Kind altersgerechte Übungsmöglichkeiten angeboten werden. Es muss trainieren, die sofortige Befriedigung seiner Bedürfnisse aufzuschieben oder auch zugunsten eines anderen Bedürfnisses zu unterdrücken. Der Alltag bietet eine Fülle von Gelegenheiten.

33. Frage: Was hat Impulskontrolle mit Glück zu tun?

Übungsmöglichkeiten

- Man kann am Tisch warten und erst anfangen zu essen, wenn alle sitzen. Und wenn jemand schon großen Hunger hat? Das ist nicht schlimm. Man darf Bedürfnisse wahrnehmen. Bei den Wartezeiten handelt es sich ja maximal um ganz wenige Minuten!
- Eine Süßigkeit? Essen wir später!
- Man kann gemeinsam Kuchen backen und muss doch warten, bis das duftende Gebäck abgekühlt ist, bevor man ihn anschneiden kann.
- Jeder kann bei einem Anliegen warten, bis die Person ausgeredet hat, die angesprochen werden soll.
- Auf dem Spielplatz kann man warten, wenn die Schaukel besetzt ist.
- Taschengeld kann man für eine größere Anschaffung sparen.

Ein Kind muss üben dürfen, damit es können kann! Und wenn Erwachsene noch keine gute Impulskontrolle haben? Auch sie können durch Übung besser werden.

Jeder Mensch kann lernen, solange er lebt. Wenn jemand etwas nicht gelernt hat, als es die Zeit dazu war, kann er es später nachholen. Vielleicht wird es nicht so einfach gehen, vielleicht wird das Ergebnis nicht mehr ganz so gut, aber verbessern kann er seine Fähigkeiten sicher.

Einflussfaktoren

Einige Faktoren haben Einfluss darauf, wie gut die Impulskontrolle gelernt wird:

- Impulskontrolle zu halten ist anstrengend. Niemand strengt sich ohne Grund an. Man muss es wollen! Was könnte der Grund sein, die Süßigkeit erst später zu essen oder nicht alle Kaffeetassen auf dem Tisch leer zu trinken? Schaffen Sie eine Motivation! Soziale Motivationen »Alle anderen sind traurig, wenn ihre Tasse ausgetrunken ist und sie keinen Kaffee mehr haben«, reichen oft nicht aus. Vielleicht gibt es eine zweite Süßigkeit, wenn die erste am Abend noch nicht gegessen wurde? Oder einen schönen Spaziergang, wenn jemand nur aus seiner Tasse getrunken hat?
- Impulsive Menschen haben nicht den langen Atem für langfristige Vorhaben. Brechen Sie die Anforderungen zeitlich oder umfänglich so herunter, dass die Person das Gefühl hat, dass sie erfolgreich sein kann. Geben Sie zwischen den Teilen der Aufgaben Rückmeldung und lassen Sie Erholungspausen zu. Anstrengung zu erwarten ist erlaubt, Überforderung nicht!

- Wer eine schlechte Impulskontrolle hat, vergisst seine Vorhaben auch schneller. Außerdem müssen die Ziele auch gerade dann erinnert werden, wenn das Bedürfnis auftaucht (Kliegel & Ballhausen, 2018). Unterstützen Sie also das Gedächtnis, am besten visuell. Fotos, Piktogramme oder Schriftkarten an Orten, wo sie unübersehbar sind, eignen sich als Erinnerungshilfe.
- Formulieren Sie positiv und ohne das kleine Wörtchen »nicht« (»Warte mit dem Essen, bis ich mich hingesetzt habe.« Statt: »Fang nicht immer sofort an zu essen!«). Es besteht sonst die Gefahr, dass man das Bedürfnis durch seine Benennung aktualisiert. Die Impulskontrolle wird dann schwerer.
- Keine weiteren anspruchsvollen Aufträge, wenn die Person sich kontrollieren soll! Die Impulskontrolle ist anstrengend. Kommt eine kognitive Anforderung hinzu, gelingen beide Aufgaben weniger gut.
- Minimieren Sie Versuchungen! Es ist viel leichter, kein Eis zu essen, wenn keines im Haus ist, als wenn eine angefangene Packung im Tiefkühler steht. Je schwerer es ist, einen Kontrollverlust zu erleiden, desto wahrscheinlicher wird sich die Person als erfolgreich erleben.
- Jede Tätigkeit, die Impulskontrolle erfordert, mindert deren Funktionsfähigkeit bei der nächsten Aufgabe. Das nennt man »kurzfristige Selbstkontrollerschöpfung« (Hofmann & Friese, 2010, S. 28).

Es müssen also Prioritäten gesetzt werden, denn niemand kann die Anstrengung der Impulskontrolle unentwegt vollbringen. Wann ist es besonders wichtig, dass jemand seine Bedürfnisse aufschieben oder unterdrücken kann? Vor- und hinterher braucht diese Person eine Pause.

Schwierig ist es, wenn man einem Menschen zum Vorwurf macht, dass es ihm gelungen ist, eine Zeit lang Impulskontrolle zu halten. Das kann geschehen, wenn man ihn fragt: »Warum kannst du jetzt nicht stillsitzen? Vorhin ging es doch auch?« Weil die Person ihr Bewegungsbedürfnis aufgeschoben und sich dabei sehr angestrengt hat, ist sie nun erschöpft. Sie kann diese Leistung vorübergehend nicht vollbringen. Ihr vorzuwerfen, dass sie sich angestrengt hat, erhöht sicher nicht die Motivation zu weiteren Anstrengungen.

34. Frage: Was hat emotionale Regulation mit Glück zu tun?

»Ich steckte in der Emotion fest wie in einem klebrigen Sumpf.« (Prince-Hughes, 2005, S. 216)

Emotionale Regulation ist die Fähigkeit, auch bei starken Emotionen sein Verhalten noch steuern zu können. Sie ist ein Resilienzfaktor und hilft, Belastungen zu überstehen, ohne zu erkranken (Bilek, 2020, S. 52). Damit ist sie eine Kompetenz, die in unmittelbarem Zusammenhang mit einem zufriedenen Leben steht.

Grundsätzlich können alle Menschen in Situationen kommen, die sie so wütend, traurig oder auch glücklich machen, dass sie nicht mehr vernünftig handeln können. Die Intensität des Gefühls ist so stark, dass sie keine Kontrolle mehr über das haben, was sie tun. Viele Menschen haben z. B. die Erfahrung gemacht, dass sie im Verlaufe eines heftigen Streits etwas gesagt oder getan haben, das sie niemals sagen oder tun wollten.

Wegen der fehlenden Möglichkeit in diesen Situationen, die Konsequenzen des Verhaltens zu berücksichtigen, wird es gefährlich für die Person selbst, aber auch für ihr Umfeld. In allen Kulturen versuchen deshalb Eltern und Pädagogen, Heranwachsenden Strategien zu vermitteln, wie sie einen solchen emotionalen Kontrollverlust vermeiden können. Das gelingt unterschiedlich gut.

Auffälligkeiten bei schlechter Emotionsregulation

Wenn jemand eine schlechte emotionale Regulationsfähigkeit hat,

- ist er leicht erregbar. Man sagt auch: »Er regt sich über die Fliege an der Wand auf«, um zu beschreiben, dass bei dieser Person geringfügige Anlässe ausreichen, damit sie in einen heftigen Erregungszustand gerät.
- hat er Schwierigkeiten, sich im Falle einer Aufregung wieder zu beruhigen. Die Person tobt, schreit und schlägt also sehr lange, ohne dass die Erregung abklingt und sie wieder Zugriff auf ihre Handlungskontrolle hat.
- nutzt er sozial nicht akzeptierte Strategien zur Beruhigung. Dies kann z. B. Nägel knabbern sein, aber auch andere Menschen oder sich selbst zu schlagen oder auch zu masturbieren.

Da die Fähigkeit zur Emotionsregulation Bestandteil der Impulskontrolle ist, wird sie erlernt (▶ 33. Frage). Sie ist also nicht angeboren und entsteht auch nicht allein durch Reifungsprozesse. Wie gut man seine Emotionen im Griff hat, wird von angeborenen Temperamentsfaktoren und von Lern- und Übungsprozessen beeinflusst (Friedlmeier, 1999, S. 212).

Erwerb der Fähigkeiten zur Emotionsregulation

Ein Neugeborenes hat noch kaum Möglichkeiten, sich selbst zu beruhigen. Es kann saugen und wegschauen. Ansonsten ist es bei der Emotionsregulation auf andere Menschen angewiesen. Eltern nehmen ihr Baby auf den Arm, halten, wiegen und schaukeln es, reden beruhigend auf das Kleine ein oder singen leise. Damit bekommt das Kind ein Modell, wie es sich beruhigen kann. Es lernt in einer konkreten Situation, was es tun kann, um das emotionale Gleichgewicht wiederherzustellen.

Ihre Angebote zur Beruhigung passen die Eltern intuitiv an die Entwicklungsfortschritte des Kindes an. Sukzessive übernimmt es die Modelle seiner Bezugspersonen. Die zunehmenden motorischen und sozialen Fähigkeiten erweitern zugleich seine eigenen Möglichkeiten zur Emotionsregulation. Indem es mobiler wird, kann es sich zunehmend selbstständiger zu den sicherheitsgebenden Eltern hinbegeben und aus gefährlichen Situationen fliehen. Es lernt in ihren Gesichtern zu lesen, ob eine neue Situation beunruhigend oder sicher ist.

Auf der Grundlage der von den Bezugspersonen gelernten Techniken zur Beruhigung entwickeln dann Menschen die, die am besten zu ihnen passen. Dazu gehören

- Interaktive Strategien (mit jemandem reden)
- Aufmerksamkeitslenkung (an etwas Schönes denken)
- Selbstberuhigungsstrategien (tief in den Bauch atmen)
- Rückzug aus der emotionsauslösenden Situation (den Raum verlassen)
- Veränderung der Situation (Gesprächsthema wechseln)
- Kognitive Regulationsstrategien (Situation herunterspielen)
- Externale Regulationsstrategien (Joggen gehen) (in Anlehnung an Petermann, Koglin, Natzke & v. Marées, 2007, S. 17)

Emotionsregulation bei Menschen im Autismus-Spektrum

Da Menschen im Autismus-Spektrum besondere Lernvoraussetzungen haben und ihre Eltern traditionslos sind (▶ 23. Frage), misslingt der Lehr-

und Lernprozess oft. Eltern machen z. B. die Erfahrung, dass es schwer ist, ihr Kind zu beruhigen:

> »... nichts, was ein anderes Kind beruhigt hätte, funktionierte bei Benjamin: kein Streicheln, kein Zureden, kein Singen, kein Schmusetier, kein Lieblingskissen, kein Trinken, kein Keks«, stellt eine Mutter fest. (Maus, 2013, S. 58)

Sie können damit keine Modelle für eine gelungene Beruhigungsstrategie anbieten. Bei Menschen im Autismus-Spektrum weicht das biologische Alter vom emotionalen ab. Sie sind dann eventuell kognitiv in der Lage, Brüche zu rechnen, haben aber das sozio-emotionale Entwicklungsalter eines Dreijährigen.

Doch je nach emotionalem Entwicklungsstand haben Menschen ganz unterschiedliche Grundbedürfnisse. Aus diesen Bedürfnissen entstehen Verhaltensmotivationen (Sappok & Zeperitz, 2018, S. 48).

Auch die Möglichkeiten, die Affekte zu regulieren, sind vom emotionalen Entwicklungsstand abhängig. Kleine Kinder weinen z. B. bei der Trennung von der Bezugsperson. So kann es auch sein, dass ein erwachsener Mensch mit einer geistigen Behinderung, der im Wohnheim lebt, nicht allein in seinem Zimmer sein möchte, wenn er wach ist. Es könnte auf die sozio-emotionale Entwicklung bezogen altersgerecht sein.

Wer emotional dysreguliert ist, tobt und schreit oder wegläuft, ist nicht glücklich und zufrieden. Oft sind diese Situationen der Grund, weshalb Menschen im Autismus-Spektrum ihren Kindergarten-, Schul-, Ausbildungs- oder Wohnheimplatz verlieren. Daraus entstehen dann häufig Krisen. Hilfen bei der Entwicklung der Fähigkeit zur Emotionsregulation können deshalb die Lebensqualität verbessern.

Was hilft?

Auch Menschen im Autismus-Spektrum können ihre Emotionsregulation verbessern. Dies gilt immer, egal wie alt sie sind.

Programme und Bücher

- Das *Stress und Anger Management Program (STAMP)* (Scarpa, Wells & Attwood, 2016) wurde für Kinder im Autismus-Spektrum im Alter zwischen fünf und sieben Jahren entwickelt. Hinsichtlich ihrer Fähigkeit, verbal zu kommunizieren, müssen sie mindestens das Niveau eines vierjährigen Kindes haben. Kinder, die älter als sieben Jahre alt sind, sollten besser

das Programm von Attwood (2015, 2015a und 2015b) nutzen.
STAMP beinhaltet neun Sitzungen. Die Kinder lernen verschiedene Techniken, wie sie mit Wut und Angst umgehen und sich entspannen können. Sie werden »emotionaler Werkzeugkasten« genannt. Außerdem erfahren sie, dass es bestimmte Gedanken sind, die häufig Wut oder Angst auslösen. Sie lernen, ihren Körper zu beobachten und seine Signale besser zu deuten. Die Eltern werden einbezogen, damit sie das Programm auch zu Hause anwenden können.

- Das Programm *Gefühle erkunden* (Attwood, 2015, 2015a, 2015b) schließt sich altersmäßig STAMP an. Es besteht aus einem Handbuch für die Eltern, den Pädagogen oder Therapeuten und je einem Arbeitsbuch für das Kind zum Thema *Wut* und zum Thema *Angst*.
Gefühle erkunden ist ein Trainingsprogramm aus der kognitiven Verhaltenstherapie. Es wurde für Gruppen von zwei bis fünf Kindern mit Asperger-Syndrom im Alter zwischen neun und 12 Jahren konzipiert. Der zeitliche Umfang des Programms beträgt sechs zweistündige Sitzungen. Es kann aber auch für Einzelsitzungen oder Jugendliche oder Erwachsene angepasst werden.
Angepasst an die Bedürfnisse von Menschen im Autismus-Spektrum wird die mentale Welt aus einer wissenschaftlichen Perspektive dargestellt. Die wichtigsten Ziele des Programms bestehen darin zu lernen, warum Menschen Emotionen haben, deren Gebrauch, verschiedene Intensitäten der Emotionen, einschließlich ihrer Ausdrucksmöglichkeiten mit Stimme und Körpersprache. Darüber hinaus geht es um eine altersangemessene Selbstregulation. Die Fähigkeit der Selbstwahrnehmung wird geschult und das Repertoire an Handlungsalternativen erweitert. Dazu werden verschiedene Entspannungstechniken angeboten.

- Im Kinderbuch *Das rote Dings. Wie Kinder mit und ohne Asperger-Syndrom ihre Wut bezähmen können* (A-Ghani, 2014) wird die Wut entpersonalisiert. Sie ist nicht Teil des Kindes, sondern ein Untier (ein »Dings«), das man unter Kontrolle bekommen kann. In der Bildergeschichte wird beschrieben, wann das »Dings« wächst und wie es schrumpfen kann. Es werden dazu verschiedene Techniken vermittelt, z. B.: »Rufus atmete tief durch und drückte den Wutball. Dann begann er langsam zu zählen [...]. Das rote Dings begann zu schrumpfen« (A-Ghani, 2014, S. 26).

Das Ampel-System
Man kann nicht grundsätzlich davon ausgehen, dass Menschen im Autismus-Spektrum einschätzen können, wie es ihnen geht und was ihnen hilft, sich zu entspannen und beruhigen. Beobachtungen der Bezugspersonen

auf der Grundlage der Ampelfarben können helfen, Modelle zu entwickeln.

Grün steht dabei für Entspannung und gute Lernvoraussetzungen. Hier gibt es keinen Bedarf etwas zu ändern. Interessant ist aber sich zu vergegenwärtigen, woran man erkennen kann, dass die Person entspannt ist.

Rot steht für emotionale Dysregulation. Die Person ist außer sich, weint, tritt, spuckt, beißt, wirft mit Gegenständen oder läuft weg. In dieser Situation heißt das Gebot »Schutz«. Erklärungen, in Aussicht gestellte Belohnungen oder Strafen sind in dieser Phase nicht sinnvoll. »Blind vor Wut«, sagt der Volksmund auch, um das zu erklären.

Rot wirkt wie ein Magnet, d. h. je höher die Erregung gestiegen ist, desto weniger braucht es, damit jemand seine Handlungskontrolle verliert. Wenn also eine Person im entspannten Zustand bspw. gut aushalten kann, dass ihr Stuhl besetzt ist, kann sie möglicherweise ihre Fassung verlieren, wenn dies geschieht und sie schon sehr angespannt war. Die Rotphase zu verhindern hat oberste Priorität, denn niemand profitiert von ihr. Der Betroffene hat in dieser Situation eine schlechte Lebensqualität und alle Menschen im Umfeld sind auch beeinträchtigt. In dieser Phase wird auch nichts gelernt.

Die *Gelbphase* ist die interessanteste. Hier ist die Erregung schon gestiegen, es ist aber noch Handlungskontrolle vorhanden. Notieren Sie, woran man das beobachten kann! Was tut oder vermeidet die Person dann?

Manchmal macht es den Eindruck, als gäbe es keine Gelbphase bei einer Person. Es wirkt, als schösse das Erregungsniveau gleich von Grün auf Rot. Meist handelt es sich aber oft um Menschen, die immer so angespannt sind, dass man bei ihnen keine Grünphase erlebt. Wenn sie so gestresst sind, haben sie kein glückliches und zufriedenes Leben. Es muss dann der Alltag dringend nach Entlastungsmöglichkeiten durchforstet werden.

Beruhigung

Außerdem sollte zusammengetragen werden, was man ihr zur Beruhigung anbieten kann. Sollten weder die Eltern noch die Pädagogen wissen, was der Person in dieser Situation guttut, müssen Dinge ausprobiert werden. Manchmal ist es sinnvoll, die Gelbphase noch zu unterteilen und je nach Stufe unterschiedliche Angebote zur Entspannung zu machen.

Häufig entspannen der Rückzug in eine reizarme Situation oder das Anhören von Musik. Auch ein warmes Bad lässt bei einigen Menschen den Erregungsspegel sinken. Andere profitieren besonders, wenn man sie in Routinen einbindet und mit ihnen gemeinsam Dinge tut, die sie beschäftigen, aber nicht sehr fordern.

Einige Kinder, Jugendlichen und Erwachsene beruhigen sich durch großflächigen Druck auf den Körper. Wenn es sich nicht um ein kleines Kind handelt, das man zum Trost einfach fest in den Arm nehmen kann, eignen sich schwere Decken oder Westen. Es ist auch eine aufpumpbare Weste erhältlich, bei der man die Drucksteigerung auf den Brustkorb mit der Hand regulieren kann. Sie kann unter der Kleidung oder in einer speziellen Kapuzenjacke getragen werden. Auch Ausdauertraining kann beruhigend wirken, denn es senkt den Cortisol-Spiegel (Avay, 2009, S. 35).

Menschen mit höherem Entwicklungsalter können mit Hilfe von Gedanken ihre Emotionen regulieren (»Ich werde sie bald wiedersehen. Es ist nur eine kurze Trennung!«). Mit ihnen kann man vorbereitend überlegen, welche Gedanken ihnen in einer schwierigen Situation helfen können.

Sie können auch lernen, während einer heftigen Emotion abzuwarten, bis die Erregung etwas abgeklungen ist. Dabei kann die Beschäftigung mit dem Spezialinteresse helfen. Anschließend kann besser nach Lösungen für die schwierige Situation gesucht werden.

Alternative Angebote
Eventuell muss man auf die Erregungszustände einer Person mit verschiedenen Konzepten reagieren. In einer Schule geht ein Junge im Autismus-Spektrum bspw. nur dann zur Hofpause, wenn er entspannt ist (grüne Phase). Ist er schon in der gelben Anspannungsphase, ist die Wahrscheinlichkeit hoch, dass es auf dem Pausenhof die kleine Frustration gibt, die dafür sorgt, dass er ausrastet. Um allen dies zu ersparen, verbringt er, wenn er bereits angespannt ist, die Pause mit seinem Einzelfallhelfer im Klassenraum. Auch für Ankommens-Situationen können zwei verschiedene Vorgehensweisen sinnvoll sein: Kommt ein Schüler entspannt nach Hause, könnte der Nachmittag anders beginnen, als wenn er angespannt ist.

Das Eisen schmieden, wenn es kalt ist
Nach einem Wutausbruch ist vor dem nächsten. Wenn die Person wieder entspannt ist, kann man mit ihr die Situation besprechen. Hier muss man sozusagen das Eisen schmieden, wenn es kalt ist. Da im entspannten Zustand die besten Lernvoraussetzungen vorhanden sind, können nun alternative Reaktionsmöglichkeiten für den nächsten Krisenfall entwickelt werden. Social stories (Gray, 2014), Comic stripes (Gray, 2011) oder Rollenspiele können dabei zum Einsatz kommen.

35. Frage: Sind Kinder im Autismus-Spektrum im Kindergarten glücklich?

> »... das ist kein Kindergarten, sondern ein Kinderhaus mit Garten. Und in diesem Haus hallt es. Und es gibt viel schrilles Geschrei und grellhellen Lärm. [...] Ich stehe regelrecht unter Schock.« (Schmidt, 2013, S. 61)

Oftmals nicht. Kindergärten sind oft keine autismusfreundlichen Umgebungen.

Die Aufnahme in den Kindergarten ist für alle Kinder ein großer Schritt. Vieles verändert sich im Vergleich zum häuslichen Umfeld: Orte, Personen, Zeiten, Abläufe. Deshalb gibt es für sie eine schrittweise Eingewöhnungszeit. Die meisten Mädchen und Jungen haben sich nach vier Wochen an das Kindergartenumfeld, die anderen Kinder, die Erzieherinnen und den neuen Rhythmus gewöhnt.

Kinder im Autismus-Spektrum haben es schwer mit Veränderungen. Für sie ist die Anpassung an die neuen Verhältnisse meist viel anstrengender und langwieriger. Sie können die Abläufe nicht vorhersehen. Das macht sie unsicher.

> »Ich kehre am nächsten Tag in den Kindergarten zurück und am nächsten und übernächsten auch wieder. Anfangs verstand ich nicht, daß ich, nur weil ich am einen Tag abgeholt worden war, auch am folgenden Tag abgeholt würde. Aber schließlich begriff ich, daß meine Mutter mich tatsächlich abholen würde und daß ich nicht für immer im Kindergarten bleiben mußte. Nur war mir keinesfalls klar, wann meine Mutter kommen würde. Ich hatte kein inneres Gefühl dafür, daß ich jeden Tag ungefähr gleich lang im Kindergarten blieb, alles schien sich irgendwie zufällig abzuspielen. Meine Mutter tauchte einfach irgendwann auf, und dann gingen wir nach Hause.« (Gerland, 1998, S. 79)

Diese Situation ist kraftraubend und bietet wenig Glücksmomente. Neurotypische Kinder gehen gern in den Kindergarten, weil sie Freunde haben und es ihnen Spaß macht, dort zu spielen. Diese beiden Quellen von Glück und Zufriedenheit haben Kindergartenkinder im Autismus-Spektrum häufig nicht.

> »Manchmal gingen sie zum Spielplatz. Doch auch dort blieb es allein. Suchte sich eine ruhige Ecke. Drehte den anderen Kindern den Rücken zu. Gab seine

> *Schippe und die Sandförmchen nicht her. Wurde ihm ein Ball zugeworfen, reagierte es nicht. Es war ein seltsames Kind.*
>
> *Als es drei Jahre alt wurde, kam es in den Kindergarten. Dort versteckte es sich tagelang unter dem Tisch. Hielt sich die Ohren zu. Die vielen Kinder waren zu laut! Und wie sie so dicht herankamen. Mit ihren Augen.*
>
> *Es zog seine Kleider noch dichter um sich und hielt sich selber mit den Armen fest. Bald begannen die Kinder mit Bauklötzen zu werfen. Die Tanten griffen nach ihm und zerrten es aus seinem Versteck. Da begann es zu schreien.«* (Sinijedali, 2010, S. 196f.)

Die Regeln im Umgang mit den anderen beherrschen sie oft nicht. Die soziale Sehbehinderung oder Blindheit führt dazu, dass sie nicht spüren, was die Gleichaltrigen erwarten. Das Miteinander der Kinder mit seinen vielen und zum Teil unausgesprochenen Regeln überfordert sie.

> *»Freundschaften – einfach war das nicht. Simon zeigte zwar hin und wieder Interesse an anderen Kindern, er umarmte sie, oft so heftig, dass es ihnen unangenehm war, er roch an ihnen und versuchte sie auszuziehen. Aber er hatte keine Ahnung, wie man mit jemandem etwas gemeinsam tat, noch dazu etwas so Komplexes wie spielen.«* (Korber, 2012, S. 79)

Im Kindergarten geht es außerdem turbulent zu. In den Kindergruppen ist es laut und quirlig. Für die reizoffenen Kinder im Autismus-Spektrum ist das belastend. Manchmal ist es sogar quälend. In ihrer Überforderung schreien sie, weinen, beißen und schlagen. Das macht den anderen Kindern wiederum Angst.

> *»Ich wusste nicht, was ich da sollte. In den ersten Tagen versteckte ich mich oft hinter dem Kasperletheater. Ich erinnere mich, wenn der Erzieherin mein Verhalten und Weinen zu viel wurde, dann setzte sie mich zum Beruhigen vor die Tür, auf eine Holzbank. Ich fand es schön dort. Es war schön ruhig dort, und ich war für mich allein«* (Brache, 2008, S. 24).

Luke Beardon (2020, S. 4) formuliert eine einfache und plausible Gleichung:

$$\text{Autismus} + \text{Umwelt} = \text{Ergebnis}$$

Der Autismus ist angeboren und bleibt bestehen. Die Umwelt hingegen kann man verändern. Im Kindergarten ist sie oft sensorisch überfordernd. Die Kinder im Autismus-Spektrum kennen zudem die dort geltenden Regeln nicht und alles ist so grundsätzlich anders als zu Hause.

Eine reduzierte Verhaltenskontrolle und der Rückzug in die sicherheitsgebende Welt der Stereotypien sind das Ergebnis. Die Kinder überleben den Tag. Von der Ressource für soziales Lernen, die in der Anwesenheit von Gleichaltrigen besteht, profitieren sie nur wenig oder gar nicht.

Was hilft?

Kleine Kindergruppen in einem ruhigen Umfeld mit einem strukturierten, vorhersehbaren Tagesablauf wären für Kinder im Autismus-Spektrum vorteilhaft. Erzieherinnen, die ihnen wertschätzend und freundlich begegnen sind wünschenswert.

Die Eingewöhnung von Kindern im Autismus-Spektrum braucht besondere Aufmerksamkeit. Es ist gut, wenn die Kleinen sich an die Räume ganz in Ruhe und am besten ohne die Anwesenheit anderer Kinder gewöhnen können.

Vorhersehbarkeit

Alle Maßnahmen, die dazu führen, dass der Tagesablauf für das Kind vorhersehbar wird, erhöhen sein Wohlbefinden. Sie reduzieren Stress. Dazu gehören die Informationen, was passieren wird, aber auch, wann und von wem es abgeholt wird oder was es in der Garderobe anziehen soll.

Mit Hilfe eines Objektes, Bildes oder Piktogramms kann dem Kind die jeweils nächste Aktion angekündigt werden. Man nennt dies »Erst-dann-Routine«. Der Becher im Regal links neben der Sandschaufel kann also heißen: Erst trinken, dann gehen wir in den Garten.

Alle für das Kind wichtigen Informationen, z. B. über den Haken für die Jacke, den Ort, an dem die Schuhe abgestellt werden oder auch den Platz, an dem das Kind sitzen soll, sollten betont und hervorgehoben werden. Das kann durch Farben, Bilder, Kissen o. ä. geschehen. Der TEACCH-Ansatz gibt hier viele Hilfen (Häußler, 2016). Gute Anregungen findet man auch in den *Empfehlungen und Leitlinien für barrierefreie und ›autismusfreundliche‹ Schulen und Kindergärten* (Kessel, 2015).

Strukturieren

Feste Abläufe und Routinen sind hilfreich. Ein strukturierter Tag und eine strukturierte Umgebung erleichtern die Orientierung.

Oft hat das Kind im Autismus-Spektrum keine Vorstellung davon, was es in einer unstrukturierten Situation, also z. B. beim freien Spiel, tun könnte. Es braucht auch in diesen Situationen klare Anleitungen und Begleitung. Die benötigt es auch in der Interaktion mit den anderen Kindern.

Spiele mit einfachen Regeln, wie das Hin- und Herrollen eines Balles eignen sich gerade zu Beginn gut. Sie sind vorhersehbar in ihrem Ablauf. Es geht nicht darum zu gewinnen. Dies ist nämlich oft keine Motivation für das Kind im Autismus-Spektrum.

Reizreduktion
Es entspannt das Kind, wenn es reizarme Räume oder wenigstens Raumteile gibt. Ein Zelt zum Hineinkriechen oder eine abgeteilte Ecke tun es zur Not auch. Zusätzlich können dem Kind Kopfhörer, Sonnenbrille oder ein Basecap, welche das Sicht- und Hörfeldfeld einschränken, in einigen Situationen angenehm sein.

Reizintensive Situationen, z. B. das Umkleiden in der Garderobe, das Spielen im Tobe-Raum oder das Einnehmen der Mahlzeiten im Essenraum sind für viele Kinder im Autismus-Spektrum besonders schwierig. Man kann sie dem Kind erleichtern, indem es sich z. B. vor oder nach den anderen umziehen darf. Oder indem es mit einer Erzieherin und einem Kind an einem anderen Ort isst. Hat das Kind weniger Stress, verfügt es über mehr Möglichkeiten, sein Verhalten zu steuern. Damit wird es für alle einfacher.

36. Frage: Was hat die Schule mit Glück zu tun?

»Für viele Menschen mit Autismus stellt die Schulzeit die bei weitem schlimmste Zeit ihres Lebens dar.« (Preißmann, 2009, S. 102)

Klingt das nach Glück? Zehn bis 13 Jahre geht ein Heranwachsender zur Schule. Das ist eine lange Zeit, ein großer Teil der Kindheit und Jugend. In dieser Zeit kann viel passieren: »school can make ore break a child[11]« (Beardon, 2020, S. 68).

Eine Institution, die man so viele Jahre lang und in einer so prägenden Lebensphase besucht, sollte die Möglichkeit geben, glücklich zu sein und sein Potential zur Entfaltung zu bringen. Zumal positive Emotionen das Lernen unterstützen.

Schon die Einschulung ist für Kinder im Autismus-Spektrum oft schwierig, weil sich so viel verändert: der Ort, an dem es sich aufhält, der Tages-

---

11 Schule kann ein Kind machen oder brechen.

ablauf, die Personen, die es begleiten, die Dinge, die es tun soll. Das muss gründlich vorbereitet werden, wenn es nicht in eine Krise münden soll.

Die Schule ist als ein Ort des Lernens gedacht. Doch für viele Heranwachsende im Autismus-Spektrum ist sie es nicht:

> »Der Unterricht in einer normalen Regelschule ist so gestaltet, dass einem autistischen Kind ein erfolgreiches Lernen nicht immer gelingen kann. [...] Die Schulzeit war hart für mich. Ich hatte mit vielen, mir und anderen unverständlichen Problemen zu kämpfen.« (Schuster, 2007)

Neurotypischen Kindern werden nur wenige Wahrnehmungsinhalte bewusst. Wenn sie spielen oder lernen, können sie die Umgebungstemperatur, den engen Hosenbund und auch den Geräuschpegel ausblenden.

Das fällt vielen Menschen im Autismus-Spektrum schwer. Die Schule ist für sie zu schnell, zu voll, zu laut. Es ist eine Flut von Sinneseindrücken, die im Schulgebäude und auf der Hofpause auf sie einströmen. Wer die unwichtigen Informationen nicht ausblenden kann, bekommt Stress. In den vielen Geräuschen, Bildern, Gerüchen und Berührungen auch noch die Lerninformation zu finden, ist dann unmöglich: »Die Lehrer hörte ich nur selten, meistens nur die ersten Worte, bevor alles im allgemeinen Hintergrundgetöse unterging« (Schäfer, 1997, S. 37), schrieb eine Frau im Autismus-Spektrum.

Schwache zentrale Kohärenz

Die Inhalte erreichen so oft nicht den Lernenden. Und das nicht allein wegen der Reizüberflutung im Raum. Auch die Arbeitsmaterialien, wie Hefte, Bücher und Tafelbilder sind so gestaltet, dass Schüler im Autismus-Spektrum wie in einem Wimmelbild nach den relevanten Informationen suchen müssen. Sie sehen den Wald vor lauter Bäumen und das große Ganze nicht. »Schwache zentrale Kohärenz« heißt das Wahrnehmungsverarbeitungs-Phänomen in der Fachliteratur.

Eine schwache zentrale Kohärenz ist nicht grundsätzlich negativ. Sie führt auch zu besonderen Fähigkeiten. Mit ihr kann man kleine Unterschiede besser erkennen und unterliegt nicht so rasch optischen Täuschungen.

Überkonkretes Sprachverständnis

Die Lehrer berücksichtigen auch oft nicht das überkonkrete Sprachverständnis ihrer Schüler im Autismus-Spektrum bei ihrer Wissensvermittlung.

Ironische oder sarkastische Aussagen (Wenn jemand z. B. seinen Saft verschüttet hat: »Herzlichen Glückwunsch. Wunderbar, der Tag fängt gut an.«), Metaphern und Redewendungen (»Hast Du Tomaten auf den Augen?«) bleiben den Mädchen und Jungen unverständlich.

Die Aufgaben werden von den Lehrkräften oft nicht so gestellt, dass Schüler im Autismus-Spektrum zeigen können, wozu sie in der Lage sind. Das führt zu Misserfolgserlebnissen.

> »Ich weiß nicht mehr, wie viele Male ich schon Probleme hatte, weil der Lehrer mir aufgetragen hat, eine Frage von der Tafel abzuschreiben. Ich mache es, weil es das ist, was er gesagt hat, aber dann kriege ich Ärger, weil ich nicht auch die Antwort aufgeschrieben habe. Aber er hat mir nicht gesagt, dass ich es tun soll.« (Brealy & Davies, 2009, S. 115)

Überfordernde soziale Anforderungen

Und während neurotypische Gleichaltrige die Anwesenheit ihrer Peergroup in der Schule genießen, die Freunde oft eine Quelle von Glück und Zufriedenheit sind, werden Schüler im Autismus-Spektrum oft von den sozialen Anforderungen überfordert. Nur selten haben sie Freunde.

Heranwachsende mit Asperger-Syndrom im Alter von vier bis 17 Jahren werden vier Mal häufiger gemobbt als neurotypische Gleichaltrige (Attwood, 2008, S. 125). Mobbing scheint das Risiko für Selbstmord oder Selbstmordabsichten bei Heranwachsenden im Autismus-Spektrum zu verdreifachen (Theunissen & Feschin, 2019, S. 10). Für viele Schüler im Autismus-Spektrum ist damit die Schule nicht nur ein ungeeigneter Lernort. Sie ist sogar ein Ort des Leidens. »... meine Hölle, das waren die anderen Schüler«, schreibt Gabrijela Mecky Zaragoza (2012, S. 73).

Was hilft?

Mit einfachen Mitteln kann man die Lebensqualität von Schülern im Autismus-Spektrum deutlich verbessern. Das betrifft bereits die Architektur und Raumgestaltung. Hier kann man sich an den *Empfehlungen und Leitlinien für barrierefreie und ›autismusfreundliche‹ Schulen und Kindergärten* orientieren (Kessel, 2015).

Übergänge gut vorbereiten

Da Menschen im Autismus-Spektrum umstellungserschwert sind, muss der Übergang in die Schule systematisch und langfristig vorbereitet werden.

Hier verändert sich sehr viel für ein Kind! Wie das gelingen kann, wird ausführlich im Buch: *Nur dabei zu sein reicht nicht* beschrieben (Schirmer, 2019).

Sonderpädagogischer Förderbedarf
Viele Hilfen in der Schulzeit werden auf der Grundlage eines sonderpädagogischen Förderbedarfs gewährt. Sonderpädagogischen Förderbedarf haben in der Bundesrepublik alle Schüler, die ohne sonderpädagogische Unterstützung im Unterricht der allgemeinen Schule nicht hinreichend gefördert werden können (Kultusministerkonferenz, 1994).

Die Kulturhoheit der Länder in Bildungsangelegenheiten führt aber dazu, dass die Schulgesetzgebung der einzelnen Bundesländer unterschiedlich ist. In Berlin, Hamburg und Schleswig-Holstein ist Autismus ein eigenständiger Förderschwerpunkt. In Nordrhein-Westfalen, Bremen und Brandenburg ist dies nicht der Fall, allerdings gibt es hier sonderpädagogische Förderung für den Förderbedarf Autismus. In allen anderen Bundesländern ist der Autismus weder als sonderpädagogischer Förderschwerpunkt noch als Förderbedarf anerkannt. Sonderpädagogische Förderung erfolgt dann aufgrund eines anderen im Schulgesetz vorgesehenen Förderschwerpunktes (Lindmeier et al., 2020, S. 488ff.).

Auf der Grundlage des sonderpädagogischen Förderbedarfs wird von den Lehrern ein sonderpädagogischer Förderplan erstellt. In ihm wird festgelegt,

1. welche didaktisch-methodischen Konsequenzen für die Unterrichtsgestaltung aus den Lernvoraussetzungen eines Schülers erwachsen
2. welche personellen
3. räumlichen und
4. sächlichen Hilfen notwendig sind
5. welche Ziele im Unterricht gestellt und
6. welche Nachteilsausgleiche gewährt werden müssen.

Nachteilsausgleich
Die Nachteilsausgleiche sollen die Chancengleichheit der Schüler im Autismus-Spektrum gegenüber ihren Mitschülern herstellen. Sie kompensieren Nachteile, die durch den Autismus entstehen. Dem Schüler soll es mit seiner Hilfe ermöglicht werden

- einen Zugang zu Lerninhalten zu finden
- Aufgaben zu verstehen und
- Lernleistungen nachzuweisen.

U. a. kann ein Nachteilsausgleich darin bestehen, dass

- mehr Zeit für Arbeiten eingeräumt wird oder ein geringeres Pensum in der gleichen Zeit bearbeitet werden soll
- Tests in einem anderen Raum geschrieben werden
- zusätzliche Pausen eingeräumt werden
- ein Laptop zum Schreiben zugelassen wird
- Aufgaben schriftlich statt mündlich bearbeitet werden können
- Tafelbilder abfotografiert statt -geschrieben werden dürfen
- Arbeitsaufgaben untergliedert, farbig markiert oder anders strukturiert werden.

Schulbegleiter
Viele Schüler im Autismus-Spektrum haben einen Schulbegleiter (in den einzelnen Bundesländern heißt diese Person aber ganz unterschiedlich), der sie in schwierigen Situationen unterstützt und coacht. Sie können als Bestandteil des Nachteilsausgleich verstanden werden, wenn es darum geht, Aufgabenstellungen zu verstehen. Dann fungieren sie als Dolmetscher.

Aufgaben so stellen, dass jemand zeigen kann, was er zu leisten vermag
Es ist eine pädagogische Herausforderung für Lehrer, das Curriculum so zu interpretieren, dass ein Schüler zeigen kann, was er zu leisten vermag. Er darf nicht immer zum Scheitern an Anforderungen verurteilt werden, die er aufgrund seines Autismus nicht bewältigen kann. Einen blinden Schüler würde man auch nicht zu einer Bildbeschreibung auffordern. Dennoch kann er im Bereich Kunst Leistungen erbringen! Es müssen ihm nur andere Aufgaben gestellt werden.

Etwas leisten zu können, erhöht das Selbstbewusstsein und verbessert schließlich auch die Akzeptanz der Gruppe. Eine Frau mit Asperger-Syndrom hat diesen Weg bereits in der Schule für sich allein entdeckt:

> »In den Folgejahren zog ich mich zurück und setzte alles daran, nur noch das zu tun, was ich gut konnte und was mich glücklich machte. Ich verfolgte meine Spezialthemen und vollbrachte in der Folge in fast allen Schulfächern Glanzleistungen und in der Oberstufe geschah es dann, das Wunder – die Buhrufe verwandelten sich in das leise Gekichere der hinteren Reihen und verstummten schließlich ganz.« (Mecky Zaragoza, 2012, S. 73)

Reizreduktion

Mit einfachen Hilfsmitteln lassen sich die Reize in Lernsituationen reduzieren. So kann der Schüler in Einzelarbeitsphasen Kopfhörer tragen. Im Unterrichtsraum sitzt er vielleicht so, dass er an die Wand statt zur Schülergruppe schaut. Mit Hilfe von großen Pappkartons lassen sich Arbeitsplätze abschirmen.

Pausengestaltung

Pausen dienen der Erholung. Wenn einen Schüler die Hofpause mehr anstrengt als der Unterricht, muss etwas verändert werden. Für die lauten und hektischen Hofpausen lassen sich Alternativen finden:

> »Immer wieder verbringe ich viele große Pausen so, um in mir selbst zu ruhen und um dem Lärm der Schule zu entkommen. Erfolgreich. Das Bibliotheksasyl funktionierte wunderbar – als Tankstelle für Energie, um die Menschen in der Schule zu ertragen.« (Schmidt, 2013, S. 176f.)

Für die kleineren Pausen gibt es die Möglichkeit, einen Pausenplan zu entwickeln (ausführlich in Schirmer, 2019, S. 116ff.). So kann auf der einen Seite dem Erholungsbedarf der stark belasteten Schüler im Autismus-Spektrum Rechnung getragen, auf der anderen Seite auch die Ressource der anwesenden Gleichaltrigen für soziales Lernen genutzt werden.

> »Insgesamt wäre es sehr sinnvoll gewesen, die Schule dafür zu nutzen, den Kontakt mit den anderen Kindern anzuleiten. Wenn ich nachmittags nach Hause kam, war ich geschafft von dem sozialen Zusammensein und hatte keine Energie mehr, mich mit Gleichaltrigen zu umgeben. Ich brauchte den Nachmittag zur Erholung. Aber in der Schule wäre genug Zeit gewesen, auch solche Kompetenzen zu erwerben.«, schreibt Christine Preissmann (2020, S. 34)

Schutz vor Mobbing

Jeder Schüler hat das Recht, ohne Angst zur Schule gehen zu dürfen. Dazu gehört, vor Übergriffen von Mitschülern geschützt zu sein. Angst ist Stress und ein Glücksverhinderer. Aufklärung und Begleitung der Mitschüler (ausführlich in Schirmer, 2019, S. 119) und klare Regeln für das Miteinander, deren Einhaltung auch kontrolliert werden, dienen der Mobbingprophylaxe. Auf Englisch gibt es zu diesem Thema auch ein Arbeitsmaterial, das aus einem Arbeitsbuch für die Hand des Lehrers und einem für die Hand des Schülers besteht:

- Gray, C. & Williams, J. (2006a): No fishing allowed. »Reel in« bullying. student workbook. Arlington: Future Horizons
- Gray, C. & Williams, J. (2006b): No fishing allowed. »Reel in« bullying. teacher manual. Arlington: Future Horizons.

Die Web-Schule
Wenn all das nicht ausreicht, kann die Web-Schule eine Alternative darstellen. Die Kosten kann das Jugendamt übernehmen. Es gibt hier einen festen Stundenplan. Jeder Schüler wird 1:1 von einem Lehrer per Skype-Chat unterrichtet. Arbeitsmaterialien erhalten die die Schüler per Post oder Mail.

Voraussetzung für die Unterrichtung ist, dass der Schüler von der Schulpflicht befreit oder dauerhaft krank ist. Prüfungen erfolgen in einer Kooperationsschule.[12]

37. Frage: Welche Rolle spielen Therapie und Unterstützung?

> »Dann allerdings gibt es leider immer wieder auch solche Zeiten, in denen es für mich sehr schwer ist, in denen ich erkenne, was mir alles fehlt und was mich von anderen Menschen in meinem Alter unterscheidet, vor allem aber, welch große Abweichung von den Dingen besteht, die ich für mich einst als die Ziele meines Lebens, als die Schlüssel zu meinem persönlichen Glück diskutiert hatte. Diese Erkenntnis frustriert mich immer wieder sehr, und ich brauche dann die Hilfe meiner Therapeutin, um diese Zeiten durchzustehen und trotz allem immer wieder nach vorn blicken zu können.« (Preißmann, 2009, S. 55)

Eine therapeutische Begleitung sollte möglichst frühzeitig beginnen. Über das *Bundesteilhabegesetz* kann sie

- »im Vorschulalter als Hilfe zur Teilhabe am Leben in der Gemeinschaft
- als Hilfe zur angemessenen Schulbildung
- als Hilfe zur schulischen Ausbildung für einen angemessenen Beruf einschließlich des Besuchs einer Hochschule
- als Hilfe zur Teilhabe am Arbeitsleben

---

12 https://webindividualschule.de, 02.05.2020

- bzw. im Erwachsenenalter auch als Hilfe zur Teilhabe am Leben in der Gemeinschaft« (Frese, 2018, S. 8)

finanziert werden. Hierbei geht es um Hilfe und nicht darum, die Persönlichkeit eines Menschen zu verändern.

Im Kapitel 1 haben wir gesehen, dass das Streben nach Glück universell ist. Alle Menschen streben also danach, glücklich und zufrieden zu sein. Auch Menschen im Autismus-Spektrum.

Vielen neurotypischen Menschen fällt es nicht leicht, sich Lebensbedingungen zu schaffen, die in größtmöglicher Übereinstimmung mit ihren Bedürfnissen sind. Für Menschen im Autismus-Spektrum ist das ungleich schwerer. Allein die Identifikation der eigenen Bedürfnisse fällt ihnen schon schwer. Herauszufinden, was glücklich macht und zugleich auch, wie man Bedingungen schaffen kann, unter denen dies möglich ist, ist nicht immer einfach. Therapeutische Hilfe und Beratung können eine Unterstützung sein.

Auf der anderen Seite ist es für ein glückliches und zufriedenes Leben auch gut zu wissen, welche Situationen unglücklich machen und wie man sie vermeiden kann. Geburtstage muss man z. B. nicht in großer Runde feiern, und statt im Kaufhaus kann man auch online einkaufen. Hier hat Corona sogar Wege bereitet.

> *»Sehr gern möchte ich mit Hilfe meiner Therapeutin Strategien für den Umgang mit schwierigen Situationen wie depressiven Phasen, Ängsten, Phasen verstärkter Regression, Überforderungssituationen etc. entwickeln.« (Preißmann, 2009, S. 42)*

Nicht alles lässt sich vermeiden. Wichtig ist deshalb die Fähigkeit, unvermeidliche, aber unangenehme Aktionen möglichst stressfrei zu meistern. Wie bewältige ich einen Besuch beim Zahnarzt? Wie schaffe ich ein Bewerbungsgespräch? Solche und ähnliche Fragen können ebenfalls Themen in der Therapie und der Beratung sein.

In einer Untersuchung wurden die Behandlungswünsche von Erwachsenen im Autismus-Spektrum erhoben. Die Untersucher waren überrascht, dass sich diese nicht vorrangig auf die Kompensation von Schwierigkeiten bezogen, die aus der Kernsymptomatik resultieren. Doch auch Menschen im Autismus-Spektrum suchen nach einem glücklichen Leben und dazu braucht es mehr als die Kompensation von Schwierigkeiten. Gewünscht wurde

- Hilfe im Umgang mit Stress
- Soziale Kompetenz

- Identitätsfindung
- Soziale Interaktion
- Unterstützung bei Begleiterkrankungen
- Hilfen beim Umgang mit den eigenen Emotionen (Vogeley, 2012, S. 145f.).

Die Behandlung von komorbiden psychischen Störungen ist wichtig, wenn es darum geht, ein zufriedenes Leben führen zu können. Psychische Störungen hindern am Glücklichsein! Eine Depression z. B. raubt die Fähigkeit, Glück zu empfinden. Sie kann sogar lebensgefährlich werden. Fast 15 % der Menschen mit einer Depression nehmen sich das Leben (Kandel, 2018, S. 93).

Welche Therapieangebote jemand nutzt, hängt u. a. davon ab, welche regional verfügbar sind, wie alt jemand ist und welchen Entwicklungstand die Person hat. Wenn sie zur Therapie begleitet werden muss, spielen auch die zeitlichen Ressourcen der Familie eine Rolle.

Was hilft?

Wie gelangt man zu einer Therapie?
Die Bundespsychotherapeutenkammer bietet online eine Übersicht an, welche »Wege zur Psychotherapie« es gibt.[13] Hier geht es allerdings nicht speziell um Autismus.

Eine weitere Informationsquelle kann die Webseite von Aspies e. V. sein. Dieser Selbsthilfeverein bietet auch telefonische Beratung in Krisen an. Eine Unterstützung kann lebenslang oder auch immer wieder einmal notwendig sein, wenn sich die Lebenssituation verändert hat.[14]

Themen in der Beratung und Therapie
In der Therapie und Beratung von Menschen im Autismus-Spektrum sollten neben Schwächen, Schwierigkeiten und zusätzlichen psychischen Störungen auch Hilfen für ein glückliches und zufriedenes Leben Raum haben. Letztlich scheint das das große Thema zu sein, dem sich viele andere therapeutische Aufgaben unterordnen.

---

13 www.wege-zur-psychotherapie.org
14 Adresse: www.aspies.de/adressen.php?category=3
Telefonberatung: www.aspies.de/hilfe.php

Um herauszuarbeiten, welche Situationen anstrengen und welche entspannen, kann folgende Tabelle genutzt werden:

Tab. 3.1: Was tut mir gut?

Welche Situationen tun mir gut?
Wann kann ich diese Situationen genießen?
Welche Situationen tun mir nicht gut?
Wie kann ich mit schwierigen Situationen umgehen? Was macht sie mir leichter?

Viele Menschen im Autismus-Spektrum profitieren von visuellen Hilfen, Tabellen, graphischen Darstellungen und Übersichten.

Hilfen für Erwachsene

Obwohl schon die therapeutische Versorgungssituation für Kinder und Jugendliche unzureichend ist, ist die für Erwachsene noch schlechter. An den Universitätskliniken Freiburg und Köln existieren aber Zentren, die sich auf erwachsene Menschen im Autismus-Spektrum spezialisiert haben. Hier wurden auch Gruppentherapieprogramme für diese Personen entwickelt (Gawronski, Pfeiffer & Vogeley, 2012 und Ebert et al., 2012).

Das Programm FASTER wird in Freiburg angeboten. Ziel ist in erster Linie die Verbesserung der Lebensqualität, z. B. durch Stressmanagement (Ebert et al., 2012).

Mitunter sind bereits Beratungen unterstützend.

Rechtsansprüche

Nicht vergessen werden sollen auch Fachleistungen, auf die ein Mensch im Autismus-Spektrum nach dem Bundesteilhabegesetz Anspruch haben kann. Sie sollen mehr Selbstständigkeit ermöglichen und orientieren sich am individuellen Bedarf einer Person.

Es gibt regionale, unabhängige Beratungsstellen, EUTB genannt, die man aufsuchen kann, um sich über seine Rechte und Möglichkeiten zu informieren. Hier beraten Menschen mit Behinderung.

Silke Bauerfeind, Mutter eines Kindes im Autismus-Spektrum und bekannte Bloggerin, gibt in ihrem Buch *Diagnose Autismus – wie geht's weiter?* eine tabellarische Übersicht über mögliche Assistenzleistungen in unterschiedlichen Lebensbereichen (Bauerfeind, 2020, S. 121ff.).

38. Frage: Machen die Gleichaltrigen auch Jugendliche im Autismus-Spektrum glücklich?

Häufig nicht:

> »In dieser Zeit wurde mir bewusst, dass ich keine Freunde hatte. Ich hätte gern auch welche gehabt, aber ich wusste nicht, wie ich das hätte anstellen sollen, wie, wo und nach welchen Kriterien ich sie hätte auswählen, wie ich sie hätte fragen und was ich dann mit ihnen hätte anfangen sollen.« (Preißmann, 2005, S. 88)

Neurotypische Jugendliche verbringen viel Zeit in ihrer Peergroup. Sie ist ihnen eine Quelle von Glück und Zufriedenheit. Vor allem im Alter zwischen elf und 15 Jahren gibt es eine starke Orientierung an den Gleichaltrigen und oft auch einen großen Konformitätsdruck (Remschmidt, 1992, S. 103).

Im Gegensatz zu den Beziehungen mit den Erwachsenen sind die zu den Altersgenossen freiwillig und symmetrischer, d. h. weniger von einer Hierarchie geprägt. Außerdem gelten in ihnen andere Regeln als in der Familie, die biologisch bedingt und damit in der Regel unzerstörbar und dauerhaft sind. In der Peergroup muss sich der Jugendliche immer wieder neu bewähren, um die Beziehung aufrechtzuerhalten. Er trainiert so im Kontakt mit den Gleichaltrigen seine sozialen Kompetenzen.

Die Altersgenossen erfüllen viele Funktionen. Sie sind wichtige Gesprächspartner, eröffnen neue Welten, sind Informationsquelle, sie geben Geborgenheit, gewähren Vertrauen, gegenseitige Unterstützung und Identifikationsmöglichkeiten für alternative Lebensstile zu denen der Familie. Außerdem unterstützen sie die Ablösung von den Eltern (Grob & Jaschinski, 2003, S. 67).

Die Jugendlichen gestehen sich gegenseitig ihre Ängste, Träume und Verwundbarkeiten. Die Selbstreflexion beginnt. Die meisten Heranwachsenden erleben sich als einmalig und besonders. Dies müssen sie jemandem offenbaren. Gleichaltrige sind aufgrund ihrer eigenen Situation dafür besser geeignet als Eltern. Die wechselseitigen Rückmeldungen von Verständnis, Vertrauen und Verlässlichkeit stabilisieren die Beziehung zwischen den Heranwachsenden (Oerter & Montada, 1998, S. 377).

Einigen Jugendlichen im Autismus-Spektrum wird in dieser Zeit bewusst, dass sie sich grundsätzlich von den anderen unterscheiden. Viele versuchen sich mit großer Kraftanstrengung anzupassen und müssen erleben, dass es nicht gut gelingt. Die komplizierter werdenden sozialen Bezie-

38. Frage: Machen die Gleichaltrigen auch Jugendliche im Autismus-Spektrum glücklich?

hungen überfordern sie. In Gesprächen mit Gleichaltrigen gibt es weniger Anknüpfungspunkte. Einige entwickeln deshalb Leidensdruck:

> »Und doch kann er den tiefen Wunsch verspüren, dazuzugehören. Dieser Wunsch kann zeitweilig so stark sein, dass die Betroffenen bereit sind, alles dafür zu tun. Sie versuchen verzweifelt, sich den anderen anzugleichen [...]. Ich glaube, dass besonders die so genannten hochfunktionierenden Betroffenen, die über ihre Außenseiterfunktion reflektieren können, in dieser Zeit sehr leiden.« (Schuster, 2007b, S. 140)

Sehr viel mehr Jugendliche im Autismus-Spektrum als Neurotypische beschreiben sich als einsam (Sarimski & Ritzenthaler, 2020, S. 504). Einsamkeit hat negative Folgen. Sie kann u. a. zu Schlafstörungen, Herz-Kreislauf-Erkrankungen und einem geschwächtem Immunsystem führen. Einsame Menschen haben zudem weniger Empathiefähigkeit (Stachura, 2009). Viele Jugendliche im Autismus-Spektrum ziehen sich stärker in die Welt ihrer Spezialinteressen zurück. Hier sind sie kompetent, hier haben sie Erfolg, hier sind sie glücklich.

Es gibt also zwei gegenläufige Tendenzen. Während also neurotypische Jugendliche sich von den Eltern lösen und eigene Netzwerke aufbauen, ziehen sich viele Jugendliche im Autismus-Spektrum aus den fragilen Beziehungen zu den Gleichaltrigen zurück.

Was hilft?

> »Junge Menschen mit Autismus sollten dazu ermutigt werden, Vereinen, Verbänden oder sonstigen Gruppen beizutreten, die mit ihren speziellen Interessengebieten in Verbindung stehen. Dies ist für sie eine sehr gute Möglichkeit, neue Kontakte zu Gleichgesinnten zu knüpfen und auch ein gewisses Gefühl für die Außenwelt zu entwickeln.« (Preißmann, 2009, S. 72f.)

Jugendliche im Autismus-Spektrum brauchen Hilfe in ihrer Beziehungsgestaltung, um sekundäre Probleme zu verhindern und ihre Lebensqualität zu verbessern. Ohne gute Beziehungen zur Peergroup fehlen altersgerechte Erlebnisse und werden soziale Entwicklungsschritte erschwert.

Angenehme Begegnungen
Die Begegnungen mit Gleichaltrigen müssen angenehm sein, wenn sie glücklich und zufrieden machen sollen. Sie beinhalten auch nur dann Entwicklungspotential. Um sie angenehm zu machen, ist es sinnvoll, an die In-

teressen des Jugendlichen anzuknüpfen und ihm auf sicherem Terrain Erfahrungen mit anderen zu ermöglichen. Ein glückliches und von der Familie unabhängiges Erlebnisfeld ist ein wichtiges Ziel der Lebensbegleitung in dieser Zeit. Dabei geht es weniger um die Dauer der gemeinsam mit anderen verbrachten Zeit als um die erlebte Qualität. Lieber kurz und wunderbar als lang und schrecklich!

Stil-Beratung
Viele Jugendliche im Autismus-Spektrum brauchen hinsichtlich modischer Fragen, wie Haarschnitt, Bekleidung, Brille und Styling Beratung, damit sie von den Gleichaltrigen besser akzeptiert werden. Man könnte einwenden, dass es auch sinnvoll wäre, wenn neurotypische Jugendliche toleranter gegenüber abweichenden Auffassungen von Kleidung und Stil wären. Das ist sicher richtig. Dennoch werden Heranwachsende, die Gruppennormen nicht erfüllen, aufgrund des Konformitätsstrebens dieser Altersgruppe leicht ausgegrenzt.

Körperhygiene
Wer stinkt, ist einsam. Jugendliche im Autismus-Spektrum haben es schon schwer genug mit ihren Beziehungen. Es ist wichtig, dass sie auf ihre Körperhygiene achten. Heranwachsende in dieser Entwicklungsphase haben einen stärkeren Körpergeruch und ihre Haare fetten oft schneller als in der Kindheit. Deshalb müssen die Routinen der Körperhygiene verändert und an die neuen körperlichen Erfordernisse angepasst werden. Viele Jugendliche im Autismus-Spektrum brauchen dabei besondere Begleitung. Ein Plan, der aufzeigt, wann das Duschen, das Haarewaschen und ein Kleidungswechsel angesagt sind, kann helfen.

Tab. 3.2: Hygieneplan

Montag	Dienstag	Mittwoch	Donnerstag	Freitag	Samstag	Sonntag
Duschen	Duschen	Duschen	Duschen	Duschen	Duschen	Duschen
	Haare waschen		Haare waschen			Haare waschen
						Nägel schneiden

38. Frage: Machen die Gleichaltrigen auch Jugendliche im Autismus-Spektrum glücklich?

Grad der Beziehung

Um soziale Verhaltensmuster erklären zu können und damit Sicherheit zu geben, kann es sinnvoll sein, verschiedene Beziehungsgrade und damit zusammenhängende Erwartungen und Regeln zu erläutern (Iland, 2006, S. 41). Zu jeder Form der Beziehung können soziale Regeln, z. B. das zugehörige Begrüßungsverhalten oder die Form des zulässigen Körperkontakts zugeordnet werden. Das gibt Sicherheit. Sicherheit hilft Stress zu reduzieren und trägt dazu bei, die Lebensqualität zu verbessern.

Tab. 3.3: Grad der Beziehung und passendes Sozialverhalten

Beziehung	Wie begrüßt man sich?	Welcher Körperkontakt ist zulässig?
Liebespartner		
Enge Freunde		
Freunde		
Familie		
Bekannte		
bekannte Gesichter		
Lehrer/Betreuer		

Psychoedukation

Bei einigen Jugendlichen im Autismus-Spektrum wird es nun auch dringend notwendig, über ihr Anderssein zu sprechen. Das kann sie entlasten. Es gibt Materialien, die man nutzen kann:

- Faherty, C. (2012): *Asperger ... Was bedeutet das für mich? Handbuch und Arbeitsordner.* St. Gallen: Autismusverlag
- Schatz, Y. & Schellbach, S. (2008): *Jemand so wie ich.* Nordhausen: Verlag Kleine Wege
- Vermeulen, P. (2002): *Ich bin etwas Besonderes. Arbeitsmaterialien für Kinder und Jugendliche mit Autismus/Asperger-Syndrom.* Dortmund: Verlag modernes lernen.

Kontakt zu anderen Jugendlichen im Autismus-Spektrum

Auch die Beratung durch andere Menschen im Autismus-Spektrum kann eine große Hilfe darstellen und der Identitätsfindung dienen (Preissmann, 2020, S. 65).

Nicht zuletzt kann es einfacher sein, die Gesellschaft anderer Jugendlicher im Autismus-Spektrum zu genießen als die von neurotypischen. Vielleicht gibt es ja Jugendgruppen, denen sie sich anschließen können. *Autcraft*, ein Minecraft-Server für Menschen im Autismus-Spektrum und deren Angehörige, kann eine Plattform bieten, um entspannt im Kontakt zu Gleichgesinnten sein zu können.

39. Frage: Bald erwachsen: Macht die Adoleszenz Heranwachsende im Autismus-Spektrum glücklich?

Temple Grandin, eine Professorin für Tierpsychologie im Autismus-Spektrum bezeichnete ihre Adoleszenz als »wohl die unglücklichste Zeit meines Lebens« (Grandin, 1994, S. 62). Wie ist das zu erklären und was kann man tun, um das bei anderen Heranwachsenden zu verhindern?

Die *Adoleszenz* (von *adolescere, heranwachsen*) bezeichnet den Zeitraum von der späten Kindheit bis zum Erwachsensein. Die Pubertät hingegen ist kürzer. Sie umfasst nur den Prozess der Entwicklung der Geschlechtsreife, der maßgeblich durch Hormone bestimmt wird. In der Pubertät gibt es massive körperliche Veränderungen. Die sekundären Geschlechtsmerkmale bilden sich aus, die Körperbehaarung beginnt zu wachsen. Die Haare fetten schnell und Pickel sprießen. Die Stimme verändert sich.

Der Autismus beeinflusst die Pubertät nicht. Alle hormonellen Prozesse laufen wie bei neurotypischen Jugendlichen ab und unterliegen damit auch individuellen Schwankungen. Die körperlichen Veränderungen sind aufregend und manchmal beängstigend. Für Jugendliche im Autismus-Spektrum gilt das in einem besonderen Maße. Eine wichtige Quelle für Informationen, aber auch für die emotionale Auseinandersetzung mit den Wandlungen steht ihnen nicht zur Verfügung: die Gruppe der Gleichaltrigen.

Die psychische Auseinandersetzung mit allen Veränderungen erfolgt in der Adoleszenz. Alle psychosozialen Prozesse werden vom Autismus berührt. Man könnte die Adoleszenz eines Teenagers im Autismus-Spektrum deshalb als »Adoleszenz+« bezeichnen. Neben den üblichen Prozessen und Schwierigkeiten der Adoleszenz, die allerdings unter den Bedingungen des Autismus stattfinden, gibt es noch zusätzliche Besonderheiten. Sie bestehen

39. Frage: Macht die Adoleszenz Heranwachsende im Autismus-Spektrum glücklich?

- in den Beziehungen zu Gleichaltrigen (▶ 38. Frage)
- im anders verlaufenden Ablöseprozess von den Eltern (▶ 44. Frage)
- und dem in dieser Zeit relativ häufig erstmaligen Auftreten von Epilepsie.

Was passiert in der Adoleszenz? Das Gehirn eines Adoleszenten gleicht einer Baustelle. Tatsächlich gibt es in dieser Zeit viele neurologische Umstrukturierungen. Diese Umbaumaßnahmen folgen einem Plan. Es lassen sich drei Phasen identifizieren.

- Die frühe Adoleszenz ist gekennzeichnet durch eine erhöhte emotionale Erregbarkeit und eine verstärkte Suche nach Anregung und Belohnung.
- Die mittlere Adoleszenz zeigt sich durch eine größere Risikobereitschaft und eine weiter geschwächte Gefühls- und Verhaltenskontrolle.
- In der späten Adoleszenz verbessert sich die Selbstregulation wieder (Ayan, 2010, S.16).

Die Zeit der Adoleszenz ist eine Zeit großer Gefühle, aber nicht nur des Glücks. Sie ist geprägt von starken Stimmungsschwankungen. »Himmelhochjauchzend, zu Tode betrübt«, so beschreibt der Volksmund die emotionale Situation von Teenagern. Einigen Jugendlichen im Autismus-Spektrum machen diese Stimmungsschwankungen Angst. Sie können sie sich nicht erklären und erleben die Welt als noch chaotischer als bisher.

Zwischen dem 12. und 15. Lebensjahr nehmen dann auch noch die negativen Emotionen deutlich zu (Wolf, 2011, S.16). Das Gehirn von Teenagern reagiert häufiger als das von Erwachsenen mit der Aktivierung von Hirnarealen, die für Angst und Misstrauen zuständig sind. Folgerichtig scheint ihr Glücksempfinden auch abzunehmen. Als »total glücklich« bezeichnen sich einer Studie zufolge:

- 57 % der 6-Jährigen
- 37 % der 12-Jährigen und nur noch
- 25 % der 13-Jährigen (Bucher, 2009, S.71).

Was hilft?

Wie man die Beziehungen zu den Gleichaltrigen verbessern und den Ablöseprozess vom Elternhaus unterstützen kann, findet man unter den entsprechenden Fragestellungen in diesem Buch. Darüber hinaus benötigen die Heranwachsenden im Autismus-Spektrum Informationen über die Veränderungen, die in ihrem Körper stattfinden. Je nachdem, womit man den Jugendlichen gut erreichen kann, kann man Social Stories schreiben, Bücher anfertigen oder Filmchen drehen. Es gibt auch ein paar Bücher, die Jugendlichen im Autismus-Spektrum bei der Auseinandersetzung mit dem Thema behilflich sein können:

- Zunächst ein Arbeitsmaterial, das aus einem Handbuch für Eltern, Lehrer und Therapeuten und einem Arbeitsbuch für den Heranwachsenden ab dem Alter von 12 Jahren besteht:
Boudesteijn et al. (2016): *Psychosexuelle Entwicklung bei Jugendlichen mit Autismus. Das Training »Ich bin in der Pubertät« (Handbuch)*
Ich bin in der Pubertät! (Arbeitsbuch). St. Gallen: Autismusverlag.
- Vier kleine Bücher, jeweils zwei für junge Mädchen, zwei für Jungen, jeweils mit Schrift oder METACOM-Symbolen:
Reynolds, K. E. (2016): *Was passiert mit Lena?* St. Gallen: Autismusverlag,
Reynolds, K. E. (2016): *Was passiert mit Tom?* St. Gallen: Autismusverlag.
- Ein Comic von einer Frau im Autismus-Spektrum
Schreiter, D. (2015): *Schattenspringer. Per Anhalter durch die Pubertät.* Stuttgart: Panini Comics.

Wenn nötig, sollten die Jugendlichen bei der Anpassung ihrer Gewohnheiten zur Körperhygiene durch feste Regeln und Arbeit mit Plänen unterstützt werden. Soziale Probleme müssen nicht durch Körpergeruch verstärkt werden.

40. Frage: Haben Adoleszente das Glück, besonders schnell zu lernen?

Neuronale Veränderungen

Zu Beginn der Adoleszenz stellt das Gehirn Ressourcen zur Verfügung, damit sich der Heranwachsende gut an neue Lebensbedingungen anpassen kann. Winzige Verzweigungen der Gehirnzellen beginnen üppig zu sprießen. Über viele Generationen hinweg war die Adoleszenz der Zeitabschnitt, in dem Menschen begannen zu arbeiten und auf eigenen Beinen zu stehen. Noch mein Großvater beendete mit 14 Jahren die Schule und ging bei einem Bäcker im Nachbardorf in die Lehre. Für ihn und seine Altersgenossen bedeutete das viele Veränderungen: andere Aufgaben, eine andere soziale

Rolle, andere Bezugspersonen, ein anderer Wohnort, ein anderer Tagesrhythmus. Er musste in kurzer Zeit viel lernen und sein Gehirn war bestens darauf vorbereitet.

Bedauerlich ist, dass diese vorhandene neuronale Ressource gegenwärtig gar nicht genutzt wird. Grundlegend veränderte Bedingungen? Neue Anforderungen? Fehlanzeige! Zwischen dem 13. und dem 16. Geburtstag ändert sich vielleicht der Klassenraum. Mehr aber auch nicht. Von Montag bis Freitag geht der Jugendliche in die Schule, eventuell treibt er noch Sport oder macht er Musik. Am Wochenende ist er zu Hause oder trifft sich mit Freunden.

Diese neurobiologische Ressource für Entwicklungssprünge haben auch Heranwachsende im Autismus-Spektrum. Sie machen oft besonders viele Entwicklungsfortschritte in dieser Zeit.[15] Später verschwinden allerdings mehr als die Hälfte der Verknüpfungen zwischen den Nervenzellen wieder. Sie werden nicht benötigt. Nur die am meisten verwendeten bleiben übrig. Der Mensch hat sich an die neuen Bedingungen angepasst. Man nennt diesen neurologischen Prozess Pruning.

Das körpereigene Belohnungssystem

Noch eine weitere Lernvoraussetzung verändert sich in dieser Zeit: das körpereigene Belohnungssystem. Der menschliche Körper kann Glücksbotenstoffe ausschütten und sich damit selbst belohnen. Es handelt sich dabei um Neurotransmitter und Hormone, die angenehme Gefühle hervorrufen. Sie sind wie Wegweiser und zeigen auf, was wiederholt werden soll, weil es gut für eine Person ist. Glücksbotenstoffe werden in sozialen Situationen ausgeschüttet, beim Essen oder auch, wenn man Erfolg hat. Alle Menschen sind »Junkies« nach körpereigenen Glücksbotenstoffen und tun deshalb Dinge, die ihnen Spaß machen und bei denen Glückshormone ausgeschüttet werden.

Zu Beginn der Adoleszenz gehen etwa 30 % der Rezeptoren für den Glücksbotenstoff *Dopamin* verloren. Die Folge ist augenscheinlich: Alles ist langweilig. »Null Bock auf gar nichts«, lautet die neue Parole. Mit Oma spazieren gehen? Keine Lust! Mit Mama und Papa Eis essen? Nein, danke! Die Dinge, die früher motivierend waren, holen die Jugendlichen nicht mehr hinter dem Ofen vor. Auch das hat evolutionsbiologisch seinen Sinn. Mein Großvater musste Abschied nehmen können von den liebgewe-

---

15 Interview mit Gary Mesibov. In: *Looking Up*, 10(2), online unter: www.lookingupautism.org/Articles/GaryMesibov.html, **16.09.2020**

senen Dingen und Aktionen, damit er sich ganz seinem neuen Leben zuwenden konnte.

Es ist nicht zufällig, dass die Schulleistungen bei vielen Mädchen und Jungen in der Adoleszenz schlechter werden. Es ist nicht mehr belohnend, wenn sich Oma am Wochenende über eine gute Zensur freut oder Mama lobt und Papa ein Küsschen auf die Wange drückt. »Hochleistungs-Chillen« wird die neue Lieblingsbeschäftigung.

Oft haben Kinder im Autismus-Spektrum in der Schule und zu Hause schon ausgeklügelte Motivationssysteme. Aber plötzlich wirken die nicht mehr. Der Schüler arbeitet im Unterricht nicht mehr. Er legt stattdessen seinen Kopf auf die Bank und träumt vor sich hin. Die Pädagogen sind ratlos. Es braucht also neue, veränderte Motivations- und Belohnungssysteme, wenn die gleiche Anstrengungsbereitschaft wie zuvor erwartet wird.

Auf der Suche nach dem Glücksgefühl

Die Reduktion der Dopamin-Rezeptoren hat aber noch andere Auswirkungen. Die Jugendlichen wünschen sich noch immer Glücksgefühle. Allerdings brauchen sie nun einen besonderen Kick. Fast alle Suchtmittel wie Kokain, Heroin, Nikotin, Alkohol und bis zu einem gewissen Grad auch Marihuana wirken auf das körpereigene Belohnungssystem. Aus diesem Grund sind gerade Jugendliche besonders anfällig für diese Suchtmittel, aber auch für besondere Risiken. Für meinen Großvater war sein neues Leben bereits herausfordernd und aufregend.

Stellt die Gesellschaft aber dafür keine Bedingungen mehr bereit, suchen sich Jugendliche ihren Kick selbst. Sie suchen das Gefühl des kurzzeitigen Glücks-Rausches. Neurotypische Jugendliche fahren riskant Skateboard, machen heimlich verbotene Dinge und fühlen sich durch Aktionen belohnt, von denen die Eltern gern erst 20 Jahre später erfahren wollen.

Jugendliche im Autismus-Spektrum haben meist kaum Spielraum dafür. Von frühmorgens bis abends sind sie unter Aufsicht. Auch sie suchen das aufregende, belohnende Gefühl und auch sie nutzen den Gestaltungsspielraum, den sie haben. So kommt es manchmal zu Verhaltensweisen, die die Erwachsenen vor Rätsel stellen. Der Jugendliche im Autismus-Spektrum erlebt aber seine individuelle »Party«. Er steht nicht vor einer Herausforderung, die ihn glücklich macht wie meinen Opa. Er ist nicht am Nachmittag mit Freunden unterwegs oder fährt riskant mit dem Mountainbike.

All diese Möglichkeiten hat er nicht. Er sucht seine eigenen, nutzt den Rahmen, den er gestalten kann. Manche beginnen mit Kot zu schmieren, und genießen die intensiven Eindrücke dabei, andere zerstören Mobiliar, und können sich so körperlich ausagieren, wieder andere verlieren sich in Computerwelten. Alles – wenn auch nicht wissentlich – auf der Suche nach dem Glücksgefühl.

Was hilft?

> »Alle Eventualitäten mussten von uns bedacht und mit Benjamin durchgesprochen werden: Was tue ich, wenn ich zu weit gefahren bin, wenn der Bus verspätet ist oder ausfällt, wenn die Ampel nicht funktioniert …? […] Trotz aller Übungen und Fortschritte blieb bei mir immer ein extrem ängstliches Gefühl zurück, wenn unser Sohn allein unterwegs war, weil ich ihn gut genug kannte, um mir all die Gefahren, die tagtäglich auf ihn lauerten, lebhaft auszumalen.« (Maus, 2014, S. 226)

Auch Jugendliche im Autismus-Spektrum haben neurologisch das Potential für besondere Entwicklungsfortschritte. Es ist also eine gute Zeit, Neues zu lernen. Vielleicht lohnt es sich noch einmal, mit einer Logopädie zu beginnen. Vielleicht kann der Weg zur Schule trainiert oder Fahrradfahren gelernt werden.

Das Motivationssystem muss gründlich überarbeitet und die »pädagogische Schatzkiste« neu gepackt werden. Was interessiert den Heranwachsenden jetzt? Keine Angst vor Medien, Cola oder Chips. Lebensbegleitung heißt immer, Prioritäten zu setzen. Vielleicht ist es eine Tüte Chips wert, wenn eine Woche lang keine Hausaufgaben vergessen wurden oder ein paar Chips am Abend, wenn das Ausziehen ohne Probleme geklappt hat.

Lassen Sie ein überschaubares Risiko zu! Kann der Jugendliche vielleicht den Schulweg allein gehen? Allein mit der Bahn zum Lego-Shop fahren? Oder ohne Begleitung eine Station mit dem ICE reisen? Eltern von Söhnen und Töchtern im Autismus-Spektrum machen sich oft große Sorgen – und befinden sich damit in guter Gesellschaft der Eltern neurotypischer Jugendlicher. Natürlich haben die Eltern von Heranwachsenden im Autismus-Spektrum auch mehr und andere Gründe für ihre Sorge. Deren Söhne und Töchter verraten ihnen oft nur nicht, was sie Risikoreiches planen. Je mehr Möglichkeiten für Herausforderungen die Heranwachsenden haben, desto weniger müssen sie sich ihre eigenen und viel weniger kalkulierbaren suchen.

41. Frage: Welcher Umgang mit digitalen Medien macht glücklich?

Was sind digitale Medien?

Digitale Medien umfassen viele und ganz unterschiedliche Angebote. Sie reichen von Spielen über Lern- und Fitness-Programme, Navigationssysteme bis hin zu den sozialen Netzwerken. Sie waren noch vor wenigen Jahrzehnten kaum vorstellbar. Heute sind sie aus unserem Alltag nicht mehr wegzudenken. Das Erstaunliche ist, dass sie zwar fast jeder Mitteleuropäer täglich nutzt, der Umgang mit ihnen aber dennoch oft negativ bewertet wird. Das reicht bis zum Schlagwort der »digitalen Demenz« (Spitzer, 2014).

Wie immer ist eine Sache an sich nicht gut oder schlecht, nur der Umgang mit ihr kann es sein. Die Nutzung digitaler Medien kann Glück und Zufriedenheit sowohl erhöhen als auch einschränken.

Digitale Medien als Ressource

Google & Co ermöglichen einen schnellen Zugang zu Informationen. Man liest einen Begriff und weiß nicht, was er bedeutet. Mit einem Griff zum Handy kann man diese Wissenslücke schließen. Die Nutzung digitaler Medien macht Wissen leicht verfügbar. Es müssen kaum noch Daten gedächtnismäßig gespeichert werden. Man findet sie blitzschnell im Internet.

Das klingt zunächst wie ein Nachteil. Allerdings muss man sich vergegenwärtigen, dass Schrift und Buchdruck zunächst ebenfalls die Befürchtung hervorriefen, dass das Erinnerungsvermögen beeinträchtigt und die Menschheit immer träger und dümmer würde. Wenn Lesen einstmals Anlass zur Sorge gab, gilt es heute als Tugend. Es ist also eine Frage der Bewertung.

Navigationsgeräte unterstützen Menschen mit schlechtem Orientierungsvermögen und können die Selbstständigkeit erhöhen. Und macht Computerspielen dumm? So einfach ist es nicht! Tatsächlich zeigten Studien, dass die graue Hirnsubstanz beim Spielen in verschiedenen Regionen zunimmt. Interessanterweise sind das Regionen, die mit psychischen Störungen in Zusammenhang stehen. Eventuell bietet das Spielen also sogar einen Schutz davor (Clemens, 2019). Damit würde es ganz sicher vor Unzufriedenheit schützen.

Wird in anderen als der eigenen Sprache gespielt, trainiert der Spielende ganz nebenbei Fremdsprachenkenntnisse. Außerdem verbessern sich durch das Computerspielen die visuelle Wahrnehmung, die exekutiven Funktionen, die Aufmerksamkeitslenkung und die Selbstkontrolle (Clemens, 2019). Es gibt auch Videospiele mit pädagogischem Wert (»serious games«), darunter auch einige mit therapeutischem Wert zur Behandlung von

- Depressionen *(SPARX)*
- Angststörungen *(Camp Cope-A-Lot)*
- ADHS *(Play Attention)*
- Zwangserkrankungen *(Ricky und die Spinne)*.

Speziell für Menschen im Autismus-Spektrum hat die Nutzung digitaler Medien weitere Vorteile. Mit ihrer Hilfe können einige Kommunikationsschwierigkeiten kompensiert werden. Dialoge sind per E-Mail, SMS, WhatsApp, Telegram u. ä. zeitlich entzerrt. Eine Frage muss nicht innerhalb von wenigen Sekunden beantwortet werden. Wenn man auf WhatsApp erst nach Minuten antwortet, stört das niemanden. Wenn man im direkten Gespräch auf eine Frage hingegen erst nach wenigen Minuten antwortet, wurde der Dialog schon längst vom Gegenüber beendet.

Wenn Kommunikation mit Hilfe digitaler Medien schriftlich erfolgt, ist sie aber nicht nur entschleunigt, sondern darüber hinaus in ihrer Komplexität reduziert. E-Mail-Kommunikation erfordert weder das Verständnis von Mimik noch braucht sie Blickkontakt.

> *»In einem Gespräch geht mir alles viel zu schnell und ich kann meine Gedanken dabei nicht sortieren. Mir ist deshalb die schriftliche Kommunikation angenehmer. Hier kann ich mir Zeit lassen, bemerke Fehler sofort und muss vor allem nicht auf Mimik, Gestik und Wortinhalt gleichzeitig achten.«* (Carsten, 2010, S. 217)

Kommunikation im Internet macht es möglich, dass sich Menschen auch über große Distanzen hinweg vernetzen können. Für Menschen im Autismus-Spektrum, die keinen oder wenig persönlichen Kontakt zu anderen Menschen im Autismus-Spektrum haben, kann das ein Vorteil sein.

Filme, die man anhalten und immer wieder abspielen kann, sind vorteilhaft, wenn man eine verzögerte Wahrnehmungsverarbeitungszeit hat. Das betrifft viele Menschen im Autismus-Spektrum.

> *»Das Gus den Film auf YouTube oder Netflix unter Kontrolle hat (ihn anhalten und immer wieder abspielen kann) [...] bedeutet für ihn, dass er die Welt nach seinen Regeln und in seiner Geschwindigkeit verarbeiten kann.«* (Newmann, 2017, S. 87)

Die Frage ist nicht nur, *was* man mit den digitalen Medien macht, sondern auch, *wie lange* man sie nutzt. Ein bis zwei Stunden täglich führten in einer Studie mit 120 000 15-Jährigen zu größtem Wohlbefinden (Blakemore, 2018, S. 226).

Gefahren digitale Mediennutzung

Die Mediennutzung hat aber auch ihre Gefahren. Gerade Jugendliche im Autismus-Spektrum, die sich von den sozialen Anforderungen in der Peergroup überfordert fühlen, können beim Spielen eine Komfortzone finden, in die sie sich immer mehr zurückziehen. Hier erleben sie sich als kompetent, hier haben sie alles unter Kontrolle, hier sind sie sicher.

Bei einigen Jugendlichen entsteht sogar ein gefährlicher Kreislauf. Nach der Schule versuchen sie sich am Computer zu entspannen und positives Feedback zu erhalten. Weil ihr Schlafrhythmus sich entwicklungsbedingt nach hinten verschiebt, spielen sie bis tief in die Nacht hinein. Wenn morgens der Wecker klingelt, sind sie müde.

Pubertierende produzieren Melatonin, das ist das Schlafhormon, bis zu zwei Stunden später als Jüngere. In diesem Alter werden die Mädchen und Jungen also erst später müde, weil das Melatonin erst später produziert wird (Strauch, 2003, S. 229f.). Da es auch morgens länger erhalten bleibt, wollen sie nicht aufstehen.

Neurotypische Jugendliche überwinden sich und stehen meist trotzdem auf, weil sie ihre Freunde in der Schule sehen und Ärger aus dem Weg gehen wollen. Diese sozialen Motivationen werden oft durch den Autismus geraubt oder eingeschränkt. Also bleiben einige Jugendliche im Autismus-Spektrum liegen und schlafen weiter. Aufgrund ihres Alters und ihrer Körpergröße haben die Eltern kaum eine Chance, sie zum Aufstehen zu bewegen. Sie schlafen also bis zum Mittag. Was sollen sie dann tun? Sie setzen sich also wieder an den Computer. In Gruppenspielen gibt es einen hohen Erwartungsdruck der Gruppe, weiterzuspielen. Durch die investierte Zeit bleibt weniger Zeit in der analogen Welt. Damit entsteht ein Kreislauf: Es gibt noch weniger Anerkennung z. B. in der Schule und daraufhin noch mehr Rückzug in die digitale Welt. Bei einigen wenigen führt das letztlich dazu, dass sie ihr Zimmer nicht mehr verlassen. Das macht sie aber weder glücklich noch langfristig zufrieden.

Suchtgefahr

Die Grenze zur Sucht ist unscharf. Im Allgemeinen geht man davon aus, dass sie bei sieben Stunden Mediennutzung am Tag liegt. Aber nicht nur die Dauer entscheidet, sondern auch der Kontrollverlust. »Der geht mit steigender Dauer, Toleranzentwicklung und Entzugssymptomen einher« (Bartens, 2019, o. S.).

Es handelt sich bei der Sucht um ein extremes Verharren in einer Tätigkeit, die für die Person schädlich ist, aber einen wichtigen Teil ihrer Lebenswelt darstellt und auf die sie nicht verzichten kann. Die Handlung stillt nur kurzfristig ein Bedürfnis.

Die kurzfristigen Bedürfnisse einiger Jugendlicher im Autismus-Spektrum, die gestillt werden, sind Entspannung, Anerkennung, Gruppenzugehörigkeit und Erfolg. Es gibt erstrebenswerte Ziele im Spiel und ein positives, schnelles Feedback. Das fehlt vielen Heranwachsenden im Autismus-Spektrum im wirklichen Leben. Probleme und Schwierigkeiten hingegen haben sie mehr als genug. Das Spiel ist eine Möglichkeit der Ablenkung und ein Vermeidungsverhalten bei Problemen.

Die Spiele sind geschickt konzipiert. Die Spielenden haben das Gefühl, sich zu verbessern, weil die Aufgaben langsam schwieriger werden. Es gibt eine angenehme Spannung und eine soziale Einbindung in Spielergruppen, die den Menschen im Autismus-Spektrum in der realen Welt oft nicht gelingt.

Die Gefühle, physisch ins Spiel einzutauchen, etwas leisten zu können, eingebunden zu sein, und Etappenziele, die erreicht werden, binden an das Spiel. Für Jugendliche im Autismus-Spektrum ist das besonders anziehend. Sie können sich als erfolgreich erleben und interagieren mit anderen Jugendlichen im Spiel nach festen Regeln.

Die negativen Folgen suchtartigen Spielens können gravierend sein: körperlicher Abbau, noch stärkere soziale Isolation, Leistungsabfall in Beruf, Studium oder Schule. Arbeit oder Schule, Hygiene, Schlaf und zwischenmenschlicher Austausch geraten immer weiter in den Hintergrund. Im Extremfall droht sogar der Tod:

> »In Asien starben Jugendliche, nachdem sie 48 Stunden lang Strategiespiele wie ›League of Legends‹ gespielt haben. Wenig getrunken, kein Schlaf, zwischendurch nur Kaffee oder Energy-Drinks, eine toxische Mischung, die irgendwann zum Herz-Kreislauf-Versagen führen kann.« (Bartens, 2019, o. S.)

Wer süchtig ist, verdrängt diese Anzeichen. Er spielt weiter (Bartens, 2019).
Jede Sucht hat drei Bestandteile:

- den auslösenden Reiz,
- das Verhalten selbst
- und die kurzfristig erlebte Belohnung.

Sowohl die ICD-11 als auch das DSM-5 enthalten Verhaltenssüchte als Diagnosen.

6 % der 12- bis 17-Jährigen erfüllen Kriterien einer computerspiel- und internetbezogenen Störung. Weitere 22 % haben eine problematische Nutzung (Deeg, 2018, S. 68).

6 bis 11 % der 11- bis 21-Jährigen haben einen pathologischen Konsum, bei 14 % ist er bedenklich hoch (ebd., S. 67). Vergleichbare Zahlen von Jugendlichen im Autismus-Spektrum liegen nicht vor. Vermutlich sind sie bei denen mit Asperger-Syndrom aber nicht geringer. Im Erwachsenenalter normalisiert sich die Mediennutzung meist bei einem geregelten, fordernden Alltag.

Was hilft?

Zunächst einmal hilft ein differenzierter Blick auf die Mediennutzung ohne pauschale Ablehnung.

Digitale Medien als Ressource nutzen
Der digitale Mediengebrauch kann für Menschen im Autismus-Spektrum durchaus vorteilhaft sein. Wenn die verbale Kommunikation schwierig oder unmöglich wird, können sie sogar kompensatorisch angeboten werden. Es gibt Eltern, die die Erfahrung gemacht haben, dass es leichter ist, mit ihren Kindern per WhatsApp zu kommunizieren als mit ihnen zu reden.

Da digitale Medien oft einen hohen Aufforderungscharakter haben, können sie auch zur Erhöhung der Lernmotivation genutzt werden. Ein YouTube-Tutorial zu einem Thema macht Wissen einem Menschen im Autismus-Spektrum vielleicht leichter zugänglich, als wenn er einem Lehrer zuhören soll. Ganz abgesehen davon, dass es vielleicht mehr Spaß macht, kann der Film immer wieder angehalten und Szenen können wiederholt angeschaut werden.

Auch als Belohnung eignen sich Handy und Computer mitunter. Wenn nach den erledigten Hausaufgaben eine Spielezeit möglich ist, werden sie wahrscheinlich schneller erledigt.

Als Konsequenz aus der digitalen Wissensrevolution brauchen Nutzer zukünftig neue Kompetenzen. Sie müssen lernen und üben, wie sie an Informationen gelangen und wie man ihre Qualität beurteilen kann.

Wenn der Umgang mit digitalen Medien gefährlich wird
Wenn die Gefahr besteht, dass eine Person im Autismus-Spektrum suchtgefährdet ist, sollte man

- ihr Respekt zollen vor ihrem Versuch, in einer komplexen Welt zurechtzukommen. Das heißt, ihr gut zuzuhören und zu versuchen, ihre Sicht zu verstehen.
- eine innere Distanz wahren, d. h. Widersprüche im Wollen und Handeln aufzeigen, dabei aber versuchen, wenig in die Konfrontation zu gehen. Es geht nicht darum, Recht zu behalten und Verhalten abzuwerten (»Du wolltest dich waschen und hast stattdessen am Computer gespielt. Was können wir vereinbaren, damit das morgen klappt?«).
- klare Regeln und Grenzen aufstellen (nach Kalbitzer, 2016). Dabei kann man sogar den Autismus nutzen, denn oft haben Menschen im Autismus-Spektrum ja ein Bedürfnis nach klaren Strukturen und Vorgaben (z. B. die Medienzeit klar zu begrenzen).
- versuchen, Betroffene in der analogen Welt zu verankern, ihnen also angenehme Alternativen zu eröffnen (z. B. mit einer Bahn zu fahren, anstatt sich Bahnvideos anzusehen).
- Oft verschiebt sich die Spielsucht auf das Smartphone, wenn es keinen Zugang mehr zum Computer gibt. Es ist sinnvoll, auch hier die Verführung zu minimieren. Das kann bedeuten, dass auch das Handy nur zu bestimmten Zeiten zur Verfügung steht. Wenn es in den Spielen um das Erleben von Kompetenz und Erfolg geht, stellt sich die Frage, in welchen anderen Bereichen dies den Menschen im Autismus-Spektrum ermöglicht werden kann. Achtung: Der Entzug kann zu Aggressivität, Unruhe und Gereiztheit führen.

Digitale Hilfen bei digitalen Nöten findet man unter:

- www.erstehilfe-internetsucht.de
- »Elternratgeber Computerspiele«: www.stiftung-digitale-spielekultur.de/project/elternratgeber-computerspiele/ **Spezialsprechstunde Internet- und Computerspielabhängigkeit der Universität Heidelberg:** www.psychologie.uni-heidelberg.de/zpp/downloads/flyer_internetsprechstunde.pdf
- **Medienambulanz der Ruhr-Universität Bochum:** https://psychosomatik.lwl-uk-bochum.de/die-ambulanz/medienambulanz

42. Frage: Macht Selbstbestimmung glücklich?

Ja, wenn sie nicht überfordert. Menschen mit einem höheren Unterstützungsbedarf haben nur wenig Möglichkeiten, etwas in ihrem Leben selbst zu bestimmen. Sie entscheiden oft weder, wo sie leben noch wo sie arbeiten oder mit wem sie zusammen sind. In gemeinschaftlichen Wohnformen müssen sie sich an vorgegebene Strukturen anpassen, auch wenn sie nicht ihren Bedürfnissen entsprechen.

Allerdings gibt es in den letzten Jahren vermehrt Bemühungen, Menschen mit Behinderungen mehr Selbstbestimmung zu ermöglichen. Das geschieht sogar auf der Gesetzesebene durch ein Gesetzespaket, das *Bundesteilhabegesetz* genannt wird.

Selbstbestimmung setzt voraus, dass ein Mensch die Verantwortung für sein Handeln übernehmen kann. Er muss die Konsequenzen seines Tuns kennen und in der Lage sein, sie zu berücksichtigen. Diese Fähigkeiten sind abhängig von seinem Entwicklungsalter.

Selbstbestimmung und Entwicklungsalter

In der Bundesrepublik Deutschland und in vielen anderen Ländern geht man davon aus, dass ein Heranwachsender die für die Selbstbestimmung erforderlichen Fähigkeiten bis zu seinem 18. Geburtstag noch nicht umfassend entwickelt hat. Er hat deshalb mindestens einen Sorgeberechtigten an seiner Seite. Einige Menschen, die auch mit Erreichen der Volljährigkeit nicht in allen Bereichen Handlungskonsequenzen einschätzen und berücksichtigen können, bekommen aus diesem Grund nach ihrer Volljährigkeit eine gesetzliche Betreuung.

Wenn man eine Person entscheiden lässt, was sie noch nicht überblicken kann, überfordert man sie. Eventuell schadet sie sich oder anderen, ohne das absehen und verantworten zu können. Es kann z. B. sein, dass sie sich sehr ungesund ernährt, ohne die Folgen ihrer Ernährung angemessen beurteilen zu können. Das unterscheidet ihr Tun von dem neurotypischer Menschen, die sich zwar auch oftmals unausgewogen ernähren, denen ist es aber prinzipiell möglich ist, die Handlungskonsequenzen einzuschätzen. Sollte das nicht der Fall sein, z. B. weil sie suchtkrank sind, haben sie ebenfalls Hilfebedarf.

Verantwortung übernehmen oder Machtmissbrauch?

Wenn jemand die Bedürfnisbefriedigung eines anderen Menschen einschränkt, kann dies sowohl Verantwortungsübernahme als auch Machtmissbrauch sein. Eltern oder gesetzliche Betreuer haben diese Möglichkeit, die Befriedigung eines Bedürfnisses eines anderen Menschen zu verhindern. Es ist oft sogar ihre Aufgabe, z. B. wenn sie ein Kind dazu anhalten die Hausaufgaben zu erledigen und nicht weiter Fußball zu spielen. Sie übernehmen Verantwortung.

Ob es sich um Machtmissbrauch oder Verantwortungsübernahme handelt, kann nicht immer leicht entschieden werden. Es hilft, wenn man sich fragt: »Entscheide ich das, weil ich glaube, es ist für die Person ein Gewinn?« Nur wenn das bejaht wird, ist es eine Entscheidung aus Verantwortung. Sonst ist es Machtmissbrauch. Es ist eine schmale Gratwanderung zwischen elterlicher oder professioneller Unterstützung und Machtmissbrauch.

Wenn also ein Betreuer einem Bewohner einer Wohngruppe den Kakao verwehrt mit der Begründung, er selbst tränke ja auch nicht jeden Tag Kakao, ist es Machtmissbrauch. Träfe er seine Entscheidung aber aufgrund der Überlegung, dass der Bewohner zuckerkrank sei und ihm größere Mengen Kakao schaden würden, übernähme er Verantwortung. Ein und dasselbe Verhalten kann also beides sein: Verantwortungsübernahme oder auch Machtmissbrauch.

Auch Begründungen, wie »Das haben wir schon immer so gemacht!«, »Wir können ja nicht für jeden eine Extrawurst braten!«, »Da müssen die anderen ja auch durch!«, weisen auf einen Machtmissbrauch hin.

Es gibt aber viele Entscheidungen, für die ein Mensch die Verantwortung übernehmen kann, auch wenn sein Entwicklungsalter noch niedrig ist: Welche Hose möchtest Du heute anziehen? Welche Tasche mit zum Einkaufen nehmen? Welchen Belag auf das Brot legen?

Der Grundsatz heißt: So viel Selbstbestimmung wie in dem Entwicklungsalter möglich ist!

Was hilft?

Sich entscheiden zu können ist nicht selbstverständlich. Voraussetzung dafür ist, dass die Person ihre eigenen Bedürfnisse kennt. Wer noch nicht wählen kann, wählt immer nur das zuletzt Angebotene oder greift wahllos zu und ist dann unzufrieden.

Man kann das Entscheiden lernen. Dazu beginnt man mit der einfachsten Entscheidung. Das ist die Wahl zwischen einer angenehmen und einer unangenehmen Sache. Dabei ist es wichtig, die Reihenfolge der Präsentation zu variieren, damit die Person nicht immer das letzte oder das rechte (oder erste oder linke) wählt.

Wenn diese Entscheidung sicher getroffen werden kann, geht man zur Wahl zwischen zwei, dann zwischen drei und mehr angenehmen Dingen über. Die schwierigste Entscheidung ist die offene (»Was möchtest du am Wochenende machen?«).

Wenn Menschen entscheidungsunfähig sind, kann es ihnen helfen, den Entscheidungsspielraum einzuschränken. Also z. B. statt zu fragen: »Was möchtest Du trinken« geschickte Angebote zu machen:

Möchtest Du trinken? Ja.
Etwas Kaltes oder Warmes? Kalt.
Milch oder Saft? Saft.
Orangen- oder Apfelsaft? Orange (nach Beardon, 2020, S. 43).

Auch wenn eine Person zu Entscheidungen noch nicht in der Lage ist, weil sie die Konsequenzen nicht überblickt, kann sie doch vielleicht Teilaspekte selbst bestimmen. Was kann die Person denn überblicken? Vielleicht vermag sie nicht zu überblicken, dass es besser ist, zum Abendbrot Gemüse zu essen als eine Tafel Schokolade. Vielleicht kann sie aber entscheiden, nach welcher Mahlzeit sie einen Streifen Schokolade essen möchte.

Eventuell kann sie die Notwendigkeit eines Arztbesuches nicht einschätzen. Möglicherweise kann sie aber entscheiden, mit wem sie zu ihm fahren möchte und ob mit der Bahn oder mit dem Bus.

43. Frage: Wie können Menschen im Autismus-Spektrum eine befriedigende Sexualität entwickeln?

Eine befriedigende Sexualität ist ein Aspekt eines glücklichen Lebens. Wann und wie sie als befriedigend erlebt wird, ist individuell unterschiedlich und braucht keine Bewertung. Sie muss weder zwingend partnerschaftlich gelebt werden noch unbedingt zum Orgasmus führen. Wesentlich ist auch hier wieder, dass der eigene Weg zum Glück gefunden wird und dass der keinen anderen beeinträchtigt.

43. Frage: Wie können Menschen im Autismus-Spektrum eine befriedigende Sexualität ...?

Funktionen der Sexualität

Die menschliche Sexualität hat mehrere Funktionen:

* soziale, die in der Stärkung von Beziehungen oder der Auflösung von Konflikten bestehen
* Fortpflanzung
* Lust (mit Spannungs- oder Angstreduktion) (Biller-Pech, 2004, S. 45).

Unbefriedigte Sexualität kann zu aggressivem Verhalten führen (Remschmidt, 1995, S. 180). Wer aggressiv ist, ist nicht glücklich.

Herauszufinden, was die eigenen sexuellen Präferenzen sind, ist schon für viele neurotypische Menschen schwer. Für Menschen im Autismus-Spektrum kann es noch viel schwieriger sein, weil der Autismus die sexuelle Entwicklung behindern kann.

Entwicklung der Sexualität

Sexualität ist nicht plötzlich da. Sie entwickelt sich sukzessive. Dass die Berührung der Genitalien angenehm ist, entdecken viele Kinder, sobald sie in der Lage sind, sie zu berühren.

Die Sexualität eines Menschen entwickelt sich im Zusammenspiel von biologischen und sozialen Faktoren (Oerter & Montada, 1998, S. 338). Biologische Einflussfaktoren sind z. B. die Berührungsempfindlichkeit der Genitalien oder die ausgeschütteten Hormone. Die biologischen Voraussetzungen für eine erfüllte Sexualität sind bei Menschen im Autismus-Spektrum nicht beeinträchtigt (Bier, 1989, S. 36).

Zu den sozialen Aspekten gehört das Lernen von Verhaltensmustern, die mit Sexualität zu tun haben. Dazu gehört die Regel, wann und wo man seine Genitalien berühren darf. Man erwirbt sie z. B. durch Kontakte mit anderen Menschen und die Beobachtung von Modellen in den Medien. Hier findet man oft Besonderheiten bei Menschen im Autismus-Spektrum.

Kommunikative Schwierigkeiten

Die soziale Sehbehinderung oder Blindheit *Autismus* führt dazu, dass es bereits in der Kommunikation über das Thema Einschränkungen gibt. Menschen ohne differenzierte verbale Sprache haben oft Piktogramme zu allen möglichen Themen, wie Essen, Freizeitbeschäftigungen oder Toilettengang. Oft fehlen aber solche, mit deren Hilfe sie über Sexualität kommunizieren könnten. Hier gibt es eine große Unsicherheit bei den Lebensbegleitern, was, wem und in welchem Alter zur Verfügung gestellt werden sollte. Ohne differenzierten Austausch über ein Thema ist es aber schwer, Wissen zu erlangen.

Über andere menschliche Bedürfnisse, wie essen oder schlafen, sprechen Eltern mit ihren Kindern von der Säuglingszeit an. Sie kommentieren anfangs ihre Beobachtungen oder Vermutungen: »Jetzt bist du satt!«, »Hast du gepullert?«

Niemand käme auf die Idee, das Essen zum ersten Mal im Alter von zehn oder zwölf Jahren zu thematisieren. Die Erwachsenen kommunizieren schon mit kleinen Kindern einfache Sachverhalte mit kurzen Sätzen in konkreten Erlebenssituationen. Genauso sollte es auch mit dem Thema Sexualität gehandhabt werden.

Auch Menschen im Autismus-Spektrum, die einen großen Wortschatz haben, sind durch ihr überkonkretes Sprachverständnis gehandicapt. Je tabuisierter ein Thema ist, desto metaphernreicher wird es umschrieben. Auf jedem Schulhof entstehen wahrscheinlich in jeder Pause neue Begriffe für den Geschlechtsverkehr. Der Begriff *Koitus* findet in der Alltagssprache kaum Verwendung. Neurotypische Menschen verstehen neue Umschreibungen meist, auch wenn sie sie noch nie gehört haben. Dazu beziehen sie den Kontext ein. Menschen im Autismus-Spektrum verstehen sie oftmals nicht:

> *»Als bei meinen Klassenkameraden das Interesse an der Sexualität aufkam, unterhielten sie sich häufig über Dinge, die ich nicht verstanden habe. Sie sprachen vom ›Ficken‹, ›Bumsen‹, ›Vögeln‹ und ›Poppen‹, vom ›Sex‹ oder vom ›Ins-Bett-Gehen‹; im Biologieunterricht war die Rede vom Geschlechtsverkehr oder vom Koitus, die Jungen erzählten, dass sie ein ›Abenteuer‹ gehabt oder ›eine Frau vernascht‹ hätten. Und das alles sollte dasselbe bedeuten?«* (Preißmann, 2009, S. 84)

Auch die Verführung und Einladung zum Geschlechtsverkehr sind oft verschlüsselt. Wenn ein neurotypischer Erwachsener morgens um 4 Uhr nach einem Barbesuch noch zu einem Kaffee eingeladen wird und sich die Fotosammlung im Schlafzimmer anschauen soll, dämmert ihm, worum es in Wirklichkeit geht. Ein Mensch im Autismus-Spektrum erwartet wahrscheinlich tatsächlich Fotos. Das ist eine Ursache tragischer Missverständnisse und kann sexuelle Gewalt begünstigen: »Bei Kongressen habe ich mit zahlreichen Frauen gesprochen, die bei Verabredungen vergewaltigt wurden, weil sie die subtilen Signale sexuellen Interesses nicht verstanden.« (Grandin, 1997, S. 168)

43. Frage: Wie können Menschen im Autismus-Spektrum eine befriedigende Sexualität ...?

Schließlich ist partnerschaftlicher Sex auch Kommunikation. Ein Mensch tut etwas und schaut, wie der andere darauf reagiert. Die andere Person agiert als Antwort und bekommt ihrerseits ein Feedback, was ihr Verhalten beeinflusst usw. Menschen im Autismus-Spektrum haben damit Schwierigkeiten.

> »So erinnere ich mich noch gut an eine Fortbildung, die ich mit etwa Mitte Zwanzig besucht hatte, ich hatte zuvor keine Möglichkeit zu einem sexuellen Kontakt gehabt und auch kein Bedürfnis danach. Im Hotelfernsehen hatte ich den Videokanal entdeckt und entsetzt festgestellt, was man da beim Sex so alles machen müsste. Es erschien mir völlig unmöglich, jemals einen sexuellen Kontakt haben zu können, da ich mir nicht vorstellen konnte, dies alles zu tun. Dennoch hatte ich versucht, mir die Reihenfolge dessen einzuprägen, was die Darsteller miteinander machten, damit ich im Bedarfsfall wenigstens ungefähr Bescheid wüsste, was zu tun sei. Dass die gezeigten Szenen und Techniken nicht alle bei jedem Paar zum Einsatz kommen müssen, dass wusste ich nicht.« (Preißmann, 2005, S. 107)

Die Besonderheiten im Kommunikationsverhalten tangieren also die Sexualität in vielfältiger Weise.

Eingeschränktes Sozial- und Kontaktverhalten

Aber auch die Schwierigkeiten im Sozial- und Kontaktverhalten wirken in den Bereich der Sexualität. Sie ist eingebettet in eine Unzahl sozialer Regeln. Auf partnerschaftliche Sexualität trifft das in besonderem Maße zu. Soziale Regeln werden von neurotypischen Menschen in ihrer eigenen Kultur gespürt. Oftmals können sie die Regeln nicht erklären, sich aber danach verhalten. Sie beinhalten Kleidung und deren Wirkung auf andere Menschen (z. B. »verführerisch«), tangieren Fragen danach, wo man jemanden berühren darf und münden schließlich in dem, was beim Sex erlaubt ist und was nicht.

Auch das Schamgefühl ist eine soziale Regel. In Mitteleuropa gibt es nur wenige Orte und Situationen, in denen sich Menschen unbekleidet zeigen. Schon Vorschulkinder vermeiden das. Es ist ihnen peinlich. In einer Untersuchung zeigte hingegen nur etwa jeder zehnte Mensch im Autismus-Spektrum Scham oder Unbehagen, wenn er nackt gesehen wird. Ungefähr zwei Drittel reagieren gleichgültig auf die Nacktheit anderer (Bier, 1989, S. 104).

Menschen im Autismus-Spektrum spüren soziale Regeln oft nicht oder zumindest nicht gut. Zugleich bleibt ihnen die Gleichaltrigengruppe als Informationsquelle für angemessenes Verhalten verschlossen. Eine Regel, die man nicht kennt, kann man aber auch nicht einhalten. So übertreten Menschen im Autismus-Spektrum immer wieder soziale Regeln im Bereich der Sexualität. Sie masturbieren in der Öffentlichkeit oder stimulieren sich genital, berühren Frauen an der Brust oder wollen sich bei Unbekannten auf den Schoß setzen.

In kaum einem anderen Bereich reagiert die Gesellschaft so stark auf Regelübertritte wie in dem der Sexualität. Konsequenzen sind deshalb oft Strafen oder soziale Isolation. Die junge Frau, die sich gern an Männern reibt, wird nicht mitgenommen auf den Spaziergang, auch wenn sie ihn so liebt.

Sexuelle Aktivitäten und Entspannung

Ein Orgasmus entspannt. Genitale Stimulation ist ein so starker Reiz, dass jede andere Wahrnehmung zum Verschwinden gebracht werden kann. Bei einigen Menschen im Autismus-Spektrum wird genitale Stimulation zur einzigen Quelle für Entspannung, über die sie verfügen. Es kann u. U. dann eine Sicherheit gebende, kontrollierte Routine werden. Das führt aber zu sozialen Schwierigkeiten.

Auf der anderen Seite gibt es aber auch Menschen im Autismus-Spektrum, die es nicht schaffen, sich zum Orgasmus zu bringen. Sie sind dann lang andauernd sexuell erregt. Sie streben nach Entspannung. Alles andere – Arbeiten, Lernen, Aufgaben erledigen – tritt dahinter zurück.

Was hilft?

Auch Menschen ohne differenzierte verbale Sprache sollte der Austausch über Sexualität möglich sein. Dazu braucht man Fotos oder Piktogramme. Einen guten Überblick zum Thema *Piktogramme und Sexualität* findet man bei Lache (2016, S. 106ff.).

Menschen mit guten verbalen Fähigkeiten sollten neben den Fachbegriffen wie Koitus, auch geläufige Synonyme oder Metaphern aus der Umgangssprache wie »ficken« oder »miteinander schlafen« erklärt werden. Das verbessert ihr Verständnis von Situationen und ist zugleich eine Missbrauchsprophylaxe.

Soziale Regeln vermitteln

Auch die Vermittlung von sozialen Regeln ist wichtig. Ein Hilfsmittel können die Bücher von Kate E. Reynolds (2016) »Dinge, die Tom Spaß machen«

43. Frage: Wie können Menschen im Autismus-Spektrum eine befriedigende Sexualität ...?

und »Dinge, die Lena Spaß machen« (2016) sein. Es gibt sie sowohl mit Piktogrammen als auch mit Schrift. Hierin werden die Begriffe »Öffentlichkeit« und »Privatsphäre« erklärt. Es wird erläutert, welche Körperteile man öffentlich zeigen kann und welche nicht, und dass Masturbation eine schöne, aber private Handlung ist.

Auch die Aufklärungsmappe *Von Kopf bis Fuß* von Ellen Suykerbuyk & Erik Bosch kann empfohlen werden. Es handelt sich um eine Sammlung großformatiger Bilder zu unterschiedlichen Themen im Bereich der Sexualität:

- »Sexuelle Entwicklung Erwachsener
- Sexuelle Entwicklung jüngerer Menschen
- Miteinander schlafen
- Homosexualität
- Verwendung von Kondomen
- Hygiene
- Pornografie
- Kinderwunsch
- Respektvolle Begegnung«[16]. Sie können Gesprächsanlässe bieten.

Für die Regelvermittlung eignen sich darüber hinaus Social stories (Gray, 2014), Comic stripes (Gray, 2011), Konsequenzpläne (Schirmer, 2019, S. 80f.) oder Rollenspiele.

Zu Masturbieren lernen
Für die Personen, die sich nicht selbst befriedigen können, wäre auch die Vermittlung von Handlungskompetenzen nötig. Da Menschen im Autismus-Spektrum Schwierigkeiten bei der Generalisierung von Gelerntem haben, ist es nicht sinnvoll, abstrakt über das Masturbieren zu sprechen. Autismusfreundliche Vermittlungsstrategien würden direkte körperliche Hilfen und Erklärungen umfassen.

Sexualassistenten dürfen das. Dabei handelt es sich um Frauen und Männer, die auch für erwachsene Menschen im Autismus-Spektrum Hilfestellungen zum Erleben ihrer Sexualität anbieten. Sie ermöglichen unbekleideten Körperkontakt und können auch praktische Hilfe beim Erlernen von Masturbationstechniken geben. Besonders bekannt ist die in der Bundesrepublik lebende Sexualassistentin Nina de Vries. Sie hat auch Erfahrung mit Menschen im Autismus-Spektrum.

---

16 www.bosch-suykerbuyk.info/epages/81653693.sf/de_DE/?ObjectPath=/Shops/81653693/Products/Von+Kopf+bis+Fuss

44. Frage: Wie gelingt eine gute Ablösung von den Eltern?

Muss die Ablösung sein? Manche Eltern würden gern so lange wie möglich mit ihren Kindern zusammenleben. Sie empfinden das als glückliches und zufriedenes Leben und vermuten, dass ihre Söhne und Töchter das auch so erleben.

Allerdings sterben Mütter und Väter in aller Regel vor ihren Kindern. Die Kinder müssen also irgendwann ohne ihre Eltern zurechtkommen. Und da Menschen im Autismus-Spektrum Probleme mit Veränderungen haben, kann ihnen fast nichts Schlimmeres geschehen, als eine Trennung von einem Tag auf den anderen mit unvorhersehbaren Folgen für den Alltag. Weniger belastend ist es, wenn die Ablösung vorhersehbar und sukzessive gestaltet wird.

Wie verläuft ein typischer Ablöseprozess?

Neurotypische Kinder entwickeln sich von der Symbiose mit der Mutter in der Schwangerschaft hin zu immer mehr Unabhängigkeit. Die Ablösung zwischen beiden beginnt früh, im Grunde mit der Durchtrennung der Nabelschnur.

Motor dieses Prozesses ist das Streben des Heranwachsenden nach Autonomie. Schon kleine Kinder wollen Dinge alleine tun. Selbstbestimmte Tätigkeiten faszinieren bereits den Säugling mehr als fremdbestimmte. Wenn er mit dem Fuß ein Mobile bewegen kann, ist er besonders lange aufmerksam und aktiv. Auch das Selber-machen-wollen und Trotzreaktionen gehören zum Abnabelungsprozess (Ploog, 2012, S. 431). Außerdem lernt das Kind zunehmend, seine Bedürfnisse aufzuschieben. Es kann immer besser warten.

Das führt zu einer in kleinen Schritten voranschreitenden Unabhängigkeit von den Eltern. Nicht immer trifft das auf Begeisterung bei den Müttern und Vätern. Wenn das einjährige Kind allein isst, bedeutet das, dass anschließend der Boden gereinigt und das Kind umgezogen werden muss. Wenn es darauf besteht, sich allein anzuziehen, muss mehr Zeit eingeplant werden. Oftmals wäre es einfacher für die Eltern, sie würden es schnell selbst machen. Das Kind beharrt aber auf seiner Selbstständigkeit.

Eine Konsequenz dieses Prozesses ist, dass die Eltern minutenweise von der Betreuung ihres Kindes entlastet werden. Während es die Mutter eines Neugeborenen an manchen Tagen nicht schafft zu duschen, kommt recht bald die Zeit, in der sie sich sogar danach noch abtrocknen kann. Das Baby kann mit ihrem Zuspruch seinen Hunger eine kleine Weile aushalten.

Noch ein paar Monate später kann die Mutter auch wieder mit ihrer Freundin telefonieren. Irgendwann ist es für das Kind in Ordnung, wenn sie sich nach der Arbeit noch zu einem Kaffee verabredet. Viele Kinder übernachten gelegentlich bei den Großeltern oder bei Freunden. Es gibt Kindergartenreisen und Klassenfahrten. Und in der Pubertät möchte dann der Jugendliche nicht mehr zu jedem Treffen der Eltern mitkommen oder auch nicht mehr mit ihnen in den Urlaub fahren. Er genießt es, allein zu sein oder etwas mit Freunden zu unternehmen. Er macht die Erfahrung, dass es durchaus auch sehr angenehm sein kann, wenn die Eltern nicht anwesend sind.

Die Eltern wiederum gewinnen immer mehr Zeit für sich zurück. Irgendwann zwingt sie der Jugendliche sogar, etwas ohne ihn zu unternehmen, weil er sich in sein Zimmer oder zu Freunden zurückzieht. Mütter und Väter aktivieren ihre eigenen sozialen Netzwerke wieder stärker und gehen ihren Hobbies nach oder arbeiten länger. Es ist ein schrittweises Einander-Loslassen.

Neurotypische Heranwachsende werden nicht nur immer selbstständiger, sie zeigen ihren Eltern auch ganz deutlich die Grenzen von Zuwendung und Intimität. Während Eltern ihre Kleinkinder ganz selbstverständlich waschen, fangen Kinder irgendwann an, es allein machen zu wollen. Sie halten später die Tür des Badezimmers geschlossen und bitten darum, nicht gestört zu werden. Sie möchten irgendwann auch nicht mehr, dass Mutter und Vater ihnen beim Abtrocknen helfen.

Viele Kinder möchten auch keine Abschiedsküsse in Anwesenheit von Gleichaltrigen. Sie kommen ab einem bestimmten Alter nicht mehr in das elterliche Bett zum Schlafen oder morgendlichen Kuscheln. Auch hier sind die Heranwachsenden der Motor für diese Prozesse.

Der Ablöseprozess Heranwachsender im Autismus-Spektrum

Viele Kinder und Jugendliche im Autismus-Spektrum können ihre Motorfunktion in diesem Ablöseprozess nicht wahrnehmen. Tatsächlich gibt es häufig eine geringere Autonomieentwicklung hinsichtlich ihrer sozialen Integration und Unabhängigkeit im Erwachsenenalter (Freitag et al., 2017, S. 17). Zudem haben einige einen hohen Hilfebedarf bei alltäglichen Verrichtungen wie der Körperhygiene oder der Nahrungsaufnahme, was die Verselbstständigung zusätzlich behindert.

Ihre Eltern gewinnen dadurch aber auch nicht stückweise wieder ihren Freiraum zurück, den sie für die Erziehung ihres Kindes preisgegeben haben. Sie befinden sich häufig bis zum Auszug des Kindes aus der elterlichen Wohnung in einer engen, symbiotischen Beziehung zu ihm. Die Mütter und Väter können unter diesen Bedingungen nicht üben, ihre Zeit wieder mit anderen Dingen als mit der Betreuung des Sohnes oder der Tochter zu füllen (Wagatha, 2006, S. 14). Zieht der Sohn oder die Tochter aus dem elterlichen Haushalt aus, geht ihre Lebensaufgabe verloren. Das macht Angst und kann ein Gefühl der Leere auslösen.

Heranwachsende im Autismus-Spektrum ziehen die Grenzen für elterliche Zuwendung und Intimität oft nicht. Da die Eltern in diesem Fall kein Gegenüber haben, das sie zwingt, Interaktionsmuster zu verändern, bleiben sie oft in den alten verhaftet. Auch, wenn diese längst nicht mehr entwicklungsgerecht und schon gar nicht förderlich sind. So kann es vorkommen, dass eine Mutter ihrem erwachsenen Sohn die Nase putzt oder mit ihm in einem Bett schläft.

Um sich von den Kindern sukzessive lösen zu können, müssen nun die Eltern zwei Rollen übernehmen. Ihre eigene und zusätzlich den Part, den üblicherweise die Heranwachsenden an der Verselbstständigung haben. Das ist schwierig. Zudem kann es eine Quelle von Schuldgefühlen sein.

Junge neurotypische Erwachsene ziehen meist als Krönung ihres Bemühens um Selbstständigkeit aus dem Elternhaus aus und wohnen bspw. in ihrer ersten WG. Wenn sie dann zu Besuch kommen und dort über Konflikte an ihrem neuen Lebensort klagen, etwa, dass die Mitbewohner zu unordentlich oder zu laut seien, der Abwasch nicht erledigt und der Müll nicht entsorgt würde, können ihnen die Eltern unterstützend zur Seite stehen.

Ganz anders sieht die Situation aus, wenn die Eltern einen Wohnheimplatz für ihren erwachsenen Sohn oder ihre erwachsene Tochter ausgesucht haben. Klagt nun der junge Erwachsene über unordentliche und laute Mitbewohner, verstopfte Toiletten und defekte Waschmaschinen, melden sich bei den Eltern sofort ihr schlechtes Gewissen und ihre Schuldgefühle. Haben sie das falsche Wohnheim gewählt? Den Auszug aus der elterlichen Wohnung zu einem zu frühen Zeitpunkt initiiert? Ginge es der Tochter oder dem Sohn zu Hause bei ihnen nicht viel besser? Haben sie einen Fehler gemacht, eine falsche Entscheidung getroffen?

Diese Fragen und das schlechte Gewissen führen zu Versuchen, alles wiedergutzumachen. Das wiederum behindert den Prozess des Unabhängigwerdens. Manchmal können ihre Söhne und Töchter infolge der Verwöhnung der Eltern Lernprozesse nicht machen, weil diese sie immer wieder vor den Folgen ihres Handelns bewahren. Dies geschieht z. B., wenn die Eltern sofort neue Möbel kaufen, wenn ihre Tochter ihre zerstört hat. Oder wenn sie ihm den Kühlschrank füllen, obwohl sich der Sohn für sein Verpflegungsgeld lieber ein Computerspiel gekauft hat. Eltern, deren Kinder sich aus eigenem Antrieb verselbständigen, sind diesen Schuldgefühlen viel weniger ausgesetzt.

Was hilft?

Bei der Unterstützung eines Ablöseprozesses von zwei Parteien müssen auch beide unterstützt werden. Die Heranwachsenden brauchen Angebote und Ermutigung, Erfahrungen ohne die Eltern zu machen. Zugleich benötigen einige auch die Bestätigung, dass sie der Einflussnahme ihrer Eltern auch Grenzen setzen dürfen.

Kurzzeitige Trennungen

Für die Eltern wäre es leichter, wenn es mehr qualitativ gute professionelle Angebote gäbe, die den Ablöseprozess zu simulieren helfen. Das könnte z. B. durch regelmäßige Übernachtungsangebote für den Heranwachsenden im Autismus-Spektrum geschehen, wie sie vom Verein *Kind und Autismus* in Urdorf, Schweiz, offeriert werden. Ab dem 6. bzw. 7. Lebensjahr übernachten die Kinder dort einmal wöchentlich in einem Wohnhaus, das der Schule angeschlossen ist. Wenn sie in die Mittelstufe kommen, werden daraus sogar zwei Übernachtungen pro Woche. Da sie dabei von ihnen bekannten Fachkräften begleitet werden, ist auch die Kommunikation mit den Eltern erleichtert. Auf diese Weise lernen beide Seiten, wie man die Zeit ohne einander füllen und auch genießen kann.

Information

Außerdem benötigen Eltern Informationen über entwicklungsgerechte Schritte der Abnabelung. Sie müssen den Prozess der Verselbstständigung ja oft initiieren. Dazu gehört, dass sie eigene Erfahrungsräume für ihre Söhne und Töchter schaffen. Das erfordert Mut, denn sie werden sich verantwortlich fühlen, wenn etwas nicht optimal läuft. In keinem Ablöseprozess läuft alles optimal, doch meist können die Eltern die Folgen der Entscheidungen ihrer Kinder beobachten.

Auch deren Privatsphäre muss altersgerecht respektiert werden. Das kann bedeuten, dass die Eltern bei einem Erwachsenen nicht den Kleiderschrank aufräumen, wenn der sich für seine eigene Ordnung entschieden hat. Auch dann nicht, wenn sie gern eine andere Ordnung hätten.

Damit übernehmen sie neben ihrer auch die Rolle ihrer Kinder. Bei dieser schwierigen Aufgabe sollten sie professionell begleitet werden.

Zugleich sollten sie versuchen, Maßnahmen der Körperhygiene schrittweise dem Heranwachsenden zu übertragen. Bitte nicht dem Sohn oder der Tochter vor anderen die Nase putzen oder den Mund abwischen, wenn er oder sie das auch allein kann. Jugendliche und erwachsene Söhne und Töchter sollten allein in ihrem Bett schlafen und ungestört duschen oder baden dürfen.

Nicht zuletzt beschäftigen Eltern rechtliche Fragen: Wo wird mein Kind leben und arbeiten? Wovon wird es leben? Einen guten Überblick über diese Themen und zuständige Ansprechpartner findet man bei Silke Bauerfeind (2020, S. 176ff.).

45. Frage: Ist weniger Stress zugleich mehr Zufriedenheit?

Nein, so einfach ist das nicht. Stress ist nämlich nicht unbedingt etwas Schlechtes. Wie so oft macht erst die Dosis das Gift. Zunächst einmal ist Stress eine Anpassungsleistung an eine Belastungssituation. Das kann durchaus positiv sein, wenn der Stress kurzfristig auftritt und wenn der Mensch den Eindruck hat, er könne die Anforderungen bewältigen. Dann führt er nämlich zu besonderen Leistungen. Ganz ohne Stress wäre die Welt langweilig und es würde wenig Entwicklung geben.

Werden die verfügbaren Ressourcen einer Person aber dauerhaft überschritten, wird Stress als unangenehm erlebt (Bergknapp, 2017, S. 110). Er erhöht dann das Risiko für zahlreiche Erkrankungen und für psychische Störungen.

Im Autismus-Spektrum zu leben ist anstrengend und stressreich. Die Kapazitäten von Menschen im Autismus-Spektrum werden häufig und langandauernd überschritten:

- durch zu viele und zu starke sensorische Reize – die Welt ist ihnen zu schnell, zu laut, zu bunt, zu geruchsintensiv,
- durch soziale Anforderungen, denen sie nicht oder nur mit unglaublicher Anstrengung genügen können,
- durch ihre besonderen Lernvoraussetzungen, die sie immer wieder in Überforderungssituationen bringen.

Was hilft?

Es geht also darum, Menschen im Autismus-Spektrum dabei zu helfen, nicht dauerhaft ihre eigenen Grenzen zu überschreiten. Es muss eine gute Balance geben zwischen Entspannung und Anforderung. Sie sollten dabei unterstützt werden, stressauslösende Situationen zu erkennen und nach Möglichkeit zu vermeiden. Man muss nicht in der Pause im Aufenthaltsraum der Kollegen sitzen, wenn man in der Zeit auch spazieren gehen kann.

Wenn sich schwirige Situationen nicht vermeiden lassen, kann man überlegen, wie man sie entspannter gestalten kann. Hilfreich ist, wenn man überlegt, was man der Situation hinzufügen kann (vielleicht Kopfhörer) und was man an Stressoren entfernen kann (vielleicht einen anderen Sitzplatz wählen, bei dem man nicht aus dem Fenster schauen muss).

Menschen im Autismus-Spektrum brauchen oft Hilfe dabei herauszufinden, wie und wann sich am Tag Erholungsphasen integrieren lassen. Die Beschäftigung mit den Spezialinteressen bietet sich manchmal zur Entspannung an. Einige Menschen im Autismus-Spektrum beschweren sich mit schweren Decken oder Westen, um zur Ruhe zu kommen. Andere lernen Achtsamkeitstechniken oder autogenes Training.

Gelegentlich geht es auch darum, ein reizreduziertes Umfeld für eine Pause zu schaffen und aufzusuchen. Eine Hofpause in der Schule ist oft anstrengender als der Unterricht und dient nicht dazu, die Energiereserven wieder aufzufüllen. Ein Besuch der Schulbibliothek ist da vielleicht hilfreicher.

Vorhersehbarkeit zu schaffen dient immer der Energiereduktion. Pläne, Absprachen und Routinen können hier helfen.

46. Frage: Welche Rolle spielen soziale Beziehungen für das Glück von erwachsenen Menschen im Autismus-Spektrum?

»Eine liebe Freundin, das wäre immer noch mein größtes Glück.« (Preißmann, 2013, S. 64)

»Glück ist Gemeinschaft« behauptet Stefan Klein (2018, S. 51). Er geht dabei von neurotypischen Menschen aus. Aber stimmt das wirklich? Und ist es für Menschen im Autismus-Spektrum so allgemein richtig?

Auch Menschen im Autismus-Spektrum brauchen soziale Beziehungen, die sie als angenehm erleben. Es ist nur die Frage, ob sie gleiche Bewertungskriterien für eine gute Beziehung haben wie der überwiegende Teil der neurotypischen Menschen. Es gibt Erwachsene mit einer Autismus-Diagnose, die langjährige Partnerschaften haben. Anderen reichen gelegentliche Begegnungen bei bestimmten Aktivitäten völlig aus.

Viele Menschen im Autismus-Spektrum genießen das Zusammensein mit anderen Menschen, finden es aber auch sehr angenehm, allein zu sein. Sozialverhalten ist für sie anstrengend und erfordert Erholung. Daueranstrengung führt zur Überforderung. Misserfolgserlebnisse und Überforderungen führen nicht dazu, dass man eine Situation genießen kann und sich glücklich in ihr fühlt.

Entscheidend ist, dass Menschen im Autismus-Spektrum zwischenmenschliche Beziehungen möglich sind. Die Zeit der Begegnung sollte überwiegend für alle schön sein. Dafür Rahmenbedingungen zu schaffen, Vorhersehbarkeit zu garantieren, schöne gemeinsame Beschäftigungen anzubieten und ein Ambiente zu bereiten, in dem sich alle wohlfühlen, ist eine Hilfe.

In gemeinschaftlichen Wohnformen entsteht ein besonderes Problem im Kontakt mit den Betreuern. Sie haben ganz klar eine professionelle Funktion, für die Bewohner sind sie aber die festen Bezugspersonen. Da oft keine oder nur wenig Freunde oder Bekannte existieren, haben einige mit ihren Betreuern die meisten angenehmen Sozialkontakte. Das führt zu einer beziehungsmäßigen Schieflage. Die Betreuer bieten einen temporären Kontakt mit definierten bezahlten Leistungen. Die Betreuten haben hier ihre engsten Kontaktpersonen und leiden, wenn diese ihren Arbeitsplatz wechseln, aus Gründen von Schwangerschaft oder Krankheit ausfallen oder ihren verdienten Urlaub nehmen. Sie sind in diesen Beziehungen abhängig.

Was hilft?

Es ist wichtig, dass man Erwachsenen im Autismus-Spektrum dabei hilft herauszufinden,

- wie häufig und lange
- in welchen Situationen und
- mit wem sie gern Kontakt hätten.

Wie in Kapitel 1 erklärt, sind alle Menschen die größten Experten für ihr eigenes Glück. Das sollte man auch Menschen im Autismus-Spektrum zugestehen. Auch sie können am besten einschätzen, wie viele und welche Sozialkontakte sie glücklich machen: »eben weil sich manche Menschen nicht vorstellen können, dass man das mit den sozialen Kontakten anders halten kann, ohne deshalb ein verkümmertes Leben haben zu müssen« (Mecky Zaragoza, 2012, S. 75). Man muss nicht zum Problem erklären, was für die betreffende Person kein Problem ist.

Diagnose offenlegen?
Ob im Kontakt mit neurotypischen Menschen die Diagnose erwähnt werden soll, muss sorgfältig entschieden werden. Es hat Vor- und Nachteile.

Ein Vorteil kann im besseren Verständnis und einer Rücksichtnahme bestehen. Nachteilig könnte sich auswirken, dass der Person bestimmte Dinge nicht mehr zugetraut werden. Peter Schmidt hat sich ausführlich mit den positiven und negativen Folgen eines Outings auseinandergesetzt (Schmidt, 2020, S. 239f.).

Zumindest ist es aber sinnvoll, eigene Verhaltensbesonderheiten zu erklären. Silke Lipinski, eine Expertin in eigener Sache, gibt Formulierungshilfen, wie:

> »Ich weiß, dass es als höflich gilt, sich beim Unterhalten in die Augen zu schauen. Ich persönlich finde das unangenehm. Mit Dir hat das gar nichts zu tun. Ich kann mich dann einfach besser auf das konzentrieren, was Du sagst.« (Lipinski, 2020, S. 47)

Kontakt zu anderen Menschen im Autismus-Spektrum
Manche Menschen im Autismus-Spektrum finden es angenehmer, sich mit anderen Menschen im Autismus-Spektrum zu treffen. Hier haben sie den Eindruck, sich nicht verstellen und anpassen zu müssen.

Sich zu einer Gruppe zugehörig zu fühlen fördert das Wohlbefinden. Das kann auch die Gruppe der Menschen im Autismus-Spektrum sein. Man muss den anderen Gruppenmitgliedern nicht einmal physisch begegnen. Auch Internetkontakte haben positive Auswirkungen (Haslam, Steffens & van Dieck, 2020, S. 14).

Vorhersehbarkeit im Kontakt
Wichtig sind klare Regeln für Begegnungen:

> »Um ein Treffen mit anderen Menschen genießen zu können, wünsche ich mir, dass dieses Treffen sowohl zeitlich als auch inhaltlich strukturiert ist, dass also feststeht, wann es beginnt und wann es endet und was in der gemeinsamen Zeit gemacht wird.« (Witte, 2016, S. 89)

3 Glück, über die Lebensspanne von Menschen im Autismus-Spektrum betrachtet

Darüber hinaus brauchen viele Hilfe bei der Gestaltung dieser Beziehungen:

> »Wo ich glaube, dass das der wichtigste Punkt überhaupt ist im späteren Leben eines Autisten, dass der eine vernünftige Beratung in seiner Partnerschaft bekommt.« (Zawacki, 2019, S. 97)

Sozialkontakte im gemeinschaftlichen Wohnen

Die Frage, wie viele und welche Sozialkontakte einen Menschen im Autismus-Spektrum glücklich machen, stellt sich besonders auch in Formen gemeinschaftlichen Wohnens. Ist es wirklich das Bedürfnis des Bewohners, jede Mahlzeit mit acht anderen Menschen einzunehmen oder hätte er gern manchmal Ruhe und Entspannung beim Essen allein in seinem Zimmer? Ist die von den Betreuern befürchtete Vereinsamung eine Übertragung der Ängste der Neurotypischen oder Realität des Menschen im Autismus-Spektrum? Es braucht Gespräche und gute Beobachtungen und es gibt nicht eine Antwort, die für alle Menschen die richtige ist.

In der Lebensbegleitung soziale Begriffe in ihrer Bedeutung ausloten

Wichtig in der Lebensbegleitung ist, dass man sich nicht von Begriffen täuschen lässt, weil die möglicherweise mit anderen Inhalten gefüllt werden könnten. Was wünscht sich ein junger Mann, wenn er eine »Freundin« sucht? Das muss nicht deckungsgleich sein mit der Vorstellung seines Betreuers. Der Freundschaftsbegriff ist entwicklungsabhängig. Vielleicht sucht er jemanden zum Kuscheln oder für partnerschaftlichen Sex, vielleicht aber auch nur eine Person, die mit ihm samstagabends eine Serie bei Netflix schaut. In diesen Fällen wäre eine Paarvermittlungsagentur das falsche Angebot.

47. Frage: Macht die Arbeit Menschen im Autismus-Spektrum glücklich?

> »Wichtig für autistische Menschen ist, dass sie ihren Platz im Leben finden und dass sie ein berufliches und privates Umfeld haben, das sie in ihrer Andersartigkeit akzeptiert und sie unterstützt. Dann können sie durchaus glücklich und erfolgreich sein.« (Preißmann, 2009, S. 156)

47. Frage: Macht die Arbeit Menschen im Autismus-Spektrum glücklich?

Die Arbeit kann, muss aber nicht glücklich und zufrieden machen. Im besten Fall tut sie es. Da die meisten Männer und Frauen viele Jahre ihres Lebens arbeiten, hat sie eine große Bedeutung für die Lebensqualität.

Arbeitsglück für neurotypische Menschen

Neurotypische Menschen macht ihre Arbeit vor allem dann glücklich und zufrieden, wenn

- die Kontakte zu anderen Menschen angenehm und
- die Aufgaben zu bewältigen sind,
- die Arbeit als wichtig erachtet wird,
- das Gefühl der persönlichen Kontrolle vorherrscht und
- die Umgebung angenehm und sicher ist (Bucher, 2009, S. 112).

Beruflicher Erfolg macht nicht unbedingt glücklich. Hingegen scheint es einen kausalen Zusammenhang zu geben, der genau andersherum funktioniert: Glückliche Menschen sind wahrscheinlicher erfolgreich! Studien haben gezeigt, dass eine positive Grundhaltung zu höherer Kreativität, Motivation und Produktion in der Arbeit führt (Lipton, 2018, S. 178).

Arbeitsglück für Menschen im Autismus-Spektrum

Die Kontakte mit den Kollegen sind oft anstrengend für Menschen im Autismus-Spektrum. Vor allem in den Pausen wissen sie nicht, was sie tun sollen. Soziale Begegnungen sind für Menschen im Autismus-Spektrum eben keine Erholung. Sie haben wenig Talent für Smalltalk und soziale Floskeln. Kommunikation und Kooperation sind harte Arbeit.

Damit Menschen im Autismus-Spektrum berufliche Aufgaben haben, die sie bewältigen können und die wichtig und nützlich sind, müssen diese so gestellt werden, dass sie sie verstehen. Sie brauchen solche, in denen sie ihre Kompetenzen und Stärken einbringen können. Die Wahrscheinlichkeit, dass sie dann daran Freude haben, ist größer.

Bei Menschen mit größerem Unterstützungsbedarf geht es nicht um die wirtschaftliche Verwendbarkeit eines Arbeitsergebnisses. Vielmehr brauchen sie eine Herausforderung, die sie fordert, aber nicht überfordert und deren Erledigung sinnvoll ist. Sie kann z. B. darin bestehen, mit Unterstützung Laub zu harken oder Papier zu schreddern.

Für Menschen mit geringem Unterstützungsbedarf gilt das auch. »Berufliches Glück – eine Nische finden« (Preißmann, 2013, S. 101), schreibt eine Ärztin mit Asperger-Syndrom und führt aus:

3 Glück, über die Lebensspanne von Menschen im Autismus-Spektrum betrachtet

> »Ich hatte das Glück, nach einiger Zeit eine Nische zu finden, in der ich gut funktioniere und die erlernten Kenntnisse anwenden kann. Ich habe ganz wundervolle Mitarbeiter und Kollegen, die mich einfach so akzeptieren, wie ich bin. Sie nehmen Rücksicht auf mich, da sie von meinen Schwierigkeiten wissen. So ist es mir möglich, meine Stärken und Fähigkeiten auszuspielen, die mich zu einer beliebten Arbeitnehmerin und Kollegin machen, wie ich ab und zu gesagt bekomme.«

Doch es kommt nicht nur auf die fachliche Eignung an. Auch die Gestaltung des Umfeldes spielt eine große Rolle für das Wohlbefinden und die Leistungsfähigkeit eines Menschen im Autismus-Spektrum. Es ist wichtig, dass die zumeist bestehenden Bedürfnisse nach ruhigen und übersichtlichen Arbeitsräumen berücksichtigt werden.

Der Weg zu einem geeigneten Arbeitsplatz führt in der Regel über ein Bewerbungsverfahren. Bereits das ist oft eine so große Hürde, dass einige Menschen im Autismus-Spektrum gar nicht dazu kommen, ihre fachliche Eignung unter Beweis zu stellen. Bewerbungen sind soziale Höchstleistungen. Menschen mit einer sozialen Sehbehinderung oder Blindheit scheitern daran oft.

> »So gut ich auch über eher abstrakte Themen sprechen kann, so schwer fällt es mir, mich zu verkaufen. So scheitere ich nicht nur bei sämtlichen Vorstellungsgesprächen, sondern werde auch Opfer übler Praktiken« (Schovanec, 2015, S. 137).

Arbeitsplätze für Menschen im Autismus-Spektrum

Erwachsene im Autismus-Spektrum können

- geschützte Arbeitsplätze in Werkstätten für behinderte Menschen inklusive der Fördergruppen,
- teilgeschützte Arbeitsplätze in Integrationsfirmen oder -abteilungen bzw. Außenarbeitsplätze der Werkstätten für behinderte Menschen und
- Arbeitsplätze auf dem allgemeinen Arbeitsmarkt haben.

Nur 5 bis 12 % haben einen Vollzeitarbeitsplatz auf dem 1. Arbeitsmarkt. Dies ist insbesondere deshalb bedauerlich, da mehr als die Hälfte aller Schulabgänger mit Asperger-Syndrom oder hochfunktionalem Autismus die Allgemeine Hochschulreife und ca. ein weiteres Drittel den Realschulabschluss erworben hat (Sommer, 2020, S. 9).

47. Frage: Macht die Arbeit Menschen im Autismus-Spektrum glücklich?

Mindestens 45 % der Erwachsenen im Autismus-Spektrum arbeiten in Werkstätten für behinderte Menschen. Diese Arbeitsplätze sind nur selten selbstgewählt und auch die Arbeitsaufträge entsprechen nicht immer ihren Vorlieben. Obwohl sich in den letzten Jahren hier viel verändert hat, kommt es noch vor, dass die von ihnen ausgeführten Tätigkeiten für niemanden von Bedeutung sind, sondern lediglich der Beschäftigung dienen.

Der Besuch einer Werkstatt hat aber auch Vorteile. Die Beschäftigten bekommen ihr Gehalt nach dem Kollektivvertrag, sind voll sozial versichert und erhalten psychosoziale Unterstützung. Das bedeutet Sicherheit und kann die Stressbelastung reduzieren.

43 bis 50 % der Menschen im Autismus-Spektrum sind nicht in den Arbeitsprozess integriert (Dalferth, 2017, S. 35f.). Nicht arbeiten zu gehen bedeutet oft zugleich, keine Tagesstruktur zu haben. So lästig manchmal das morgendliche Weckerklingeln auch ist, Berufstätigkeit ist ein wichtiger Grund aufzustehen und den Tag zu beginnen. Gerade für viele Menschen im Autismus-Spektrum sind feste Abläufe ein Aspekt von Lebensqualität.

Einige Menschen im Autismus-Spektrum hätten gern soziale Kontakte. Es fällt ihnen aber sehr schwer, sie aufzunehmen. Ohne den täglichen Milieuwechsel zwischen Wohnung und Arbeitsstelle sind sie noch einsamer. Auf der anderen Seite sind Menschen im Autismus-Spektrum oft weniger belastbar und durch eine Vollzeitstelle überfordert.

> »Ich habe eine Teilzeitstelle mit 75 % der regulären Arbeitszeit. Das ist gut für mich, ich habe es mir so gewünscht. Allerdings habe ich manchmal ein schlechtes Gewissen und schäme mich ein bisschen deswegen, weil mein Vater ja immer voll gearbeitet hatte und die meisten anderen Leute, die ich kenne, auch eine Vollzeitstelle haben. Aber ich wüsste gar nicht, wie ich das schaffen sollte, ich brauche so viel Zeit für mich und habe das Gefühl, ich komme nicht weiter, wenn ich sie mir nicht nehme.« (Preißmann, 2005, S. 28)

Im Autismus-Spektrum zu leben ist anstrengend. Es braucht also Arbeitsplätze, die man flexibel an die Situation der Arbeitnehmer anpassen kann. Wurde vom Versorgungsamt ein Grad der Behinderung von mindestens 30 festgestellt, kann es Hilfen und Entlastung am Arbeitsplatz geben, wie z. B. mehr Urlaub. Ein solcher Grad der Behinderung setzt voraus, dass leichte soziale Anpassungsschwierigkeiten vorliegen. Die sind vorhanden, wenn jemand im Kindergarten, in der Schule, auf dem Arbeitsmarkt oder im öffentlichen Leben nicht ohne besondere Förderung oder Unterstützung integriert ist. Das trifft auf viele Menschen im Autismus-Spektrum zu.

Unter Mitwirkung von Familien und Menschen im Autismus-Spektrum selbst sind in den letzten Jahren in der Bundesrepublik Firmen und Einrichtungen entstanden, wie *Auticon*[17], in denen Menschen im Autismus-Spektrum ihre Fähigkeiten einbringen können und die auf die spezielle Lebenssituation dieser Menschen ausgerichtet sind.

Was hilft?

Wenn man sich an den Aspekten eines Arbeitsplatzes, der glücklich und zufrieden macht, orientiert (Bucher, 2009, S. 112), wird klar, wobei man Menschen im Autismus-Spektrum unterstützen sollte. Zunächst einmal benötigen sie möglichst frühzeitig eine gute Beratung, denn oft kennen sie ihre eigenen Wünsche, Möglichkeiten und Grenzen nicht gut. Das ist für neurotypische Jugendliche schon oft eine überfordernde Aufgabe. Für Heranwachsende im Autismus-Spektrum, die sich viel weniger aus dem Blickwinkel anderer Menschen sehen können, ist es noch viel schwieriger.

Fähigkeitenprofil erstellen

Menschen im Autismus-Spektrum sollten ganz langfristig dabei unterstützt werden, Lebenskonzepte zu entwickeln, in denen sie von ihren Stärken profitieren und nicht immer wieder an ihren Schwächen scheitern. Es ist sinnvoll frühzeitig herauszufinden, worin die Kompetenzen bestehen. Erschwert wird dies durch ein meist vorhandenes inhomogenes Fähigkeitenprofil. Das bedeutet, Menschen im Autismus-Spektrum können oft auf der einen Seite unglaublich viel, auf der anderen Seite aber auch verblüffend wenig.

Aus dem TEACCH-Ansatz gibt es zwei Materialien, die hier unterstützend eingesetzt werden können. Es handelt sich um das *Adolescent and Adult Psychoeducational Profil* (AAPEP) und das *Transition Assessment Profile* (TTAP).

Beim AAPEP handelt es sich um ein Entwicklungs- und Verhaltensprofil für Jugendliche und Erwachsene im Autismus-Spektrum. Es dient der Erfassung von Kompetenzen, die im Hinblick auf eine berufliche und gesellschaftliche Eingliederung von grundlegender Bedeutung sind (Mesibov, Schopler, Schaffer & Landrus, 2016).

Auch das TTAP ist die Weiterentwicklung des AAPEP und ebenfalls ein förderdiagnostisches Kompetenzprofil. Es wurde für Jugendliche und Erwachsene mit einer Intelligenzminderung auf dem Weg in die Selbstständigkeit entwickelt (Mesibov, Thomas, Chapman & Schopler, 2017).

---

17 https://de.wikipedia.org/wiki/Auticon

Information ist alles!
Die Agentur für Arbeit sollte bereits in der 8. oder 9. Klasse für eine spezielle Berufsberatung für Menschen mit Behinderung herangezogen werden. Empfehlenswert sind auch der Besuch von Ausbildungsmessen oder des Tages der offenen Tür im Berufsschulzentrum, Informationstage im Berufsbildungswerk oder dem Beruflichen Trainingszentrum.

Es gibt verschiedene Träger, deren Ziel es ist, Menschen im Autismus-Spektrum auf eine Berufstätigkeit vorzubereiten. Dazu gehören SALO + Partner (www.salo-ag.de), das Integrationszentrum MAut (www.m-aut.de) oder die Lavie Reha gGmbH (www.lavie-reha.de).

Auch der Integrationsfachdienst bietet Hilfen bei der Aufnahme, Ausübung und Sicherung eines Beschäftigungsverhältnisses von Menschen mit Behinderung an. Er kann von den Integrationsämtern beauftragt werden).

Eine Arbeitsassistenz kann der Person im Autismus-Spektrum dabei helfen, einen sozialversicherungspflichtigen Arbeitsplatz

- zu erlangen. Dann finanziert der zuständige Reha-Träger sie für maximal drei Jahre oder
- zu erhalten. Dann übernimmt das Integrationsamt die Kosten.[18]

Das Budget für Arbeit kann hilfreich sein, einen Arbeitsplatz auf dem allgemeinen Arbeitsmarkt zu finden, wenn jemand keine oder nicht mehr die Werkstatt für behinderte Menschen besuchen möchte. Es beinhaltet sowohl einen Lohnkostenzuschuss an den Arbeitgeber als auch Betreuungsleistungen für den Menschen mit Behinderung.[19]

Gestaltung des Arbeitsplatzes
Bei der Gestaltung des Arbeitsplatzes haben scheinbare Kleinigkeiten eine große Wirkung. Um herauszuarbeiten, was einer Person wichtig ist, kann man einen Fragenkatalog zu der Bedeutsamkeit von Rahmenbedingungen erstellen, wie: »Rückzugsräume sind mir wichtig oder unwichtig.« Anregungen dazu findet man bei Theunissen & Sagrauske (2019, S. 167f.). Eine feste Ansprechperson am Arbeitsplatz hat sich bewährt.

Sogar in ein- und demselben Berufsfeld kann es gut aber auch nicht gut geeignete Tätigkeitsfelder geben. Es ist wichtig, den Einsatzort zu finden, an dem ein Mensch sein Potential am besten einbringen kann.

---
18 Nähere Informationen auf www.betanet.de/arbeitsassistenz.html
19 www.betanet.de/budget-fuer-arbeit.html, 11.09.20

»Meine Berufsausbildung als Schuhfachverkäuferin hat mich oft verzweifeln lassen. Im Lager zu arbeiten war begeisternd, Schuhmodelkartons zu sortieren, die Kartons akkurat einzubauen und verschieben. Kundenkontakt war mir sehr unangenehm.« (Herbrand & Cercekoglu, 2012, S. 17)

Hier bedeutet das, dass Verkaufen kein guter Einsatzort ist, Lagerverwaltung hingegen schon. Jeder Schuhladen braucht ein gut sortiertes Lager!

Soweit es möglich ist, sollte das Arbeitsumfeld an die Bedürfnisse der Menschen im Autismus-Spektrum angepasst werden. Sie profitieren oft von ruhigen Orten und Rückzugsmöglichkeiten für die Pausen.

Begleitung

Damit die sozialen Kontakte bei der Arbeit angenehm sind, müssen sowohl die Menschen im Autismus-Spektrum als auch ihre Vorgesetzten und Kollegen begleitet werden. Der Autismus ist teilweise für andere Menschen unsichtbar und braucht Erklärungen, um nicht als Arroganz, Faulheit oder Boshaftigkeit fehlinterpretiert zu werden. Die Teilnahme an gemeinsamen Pausen, Feiern oder Ausflügen ist oft zu anstrengend für die Person im Autismus-Spektrum und sollte nicht als Ablehnung der Kollegen gewertet werden. Solche Zuschreibungen sind kränkend und verhindern Glück und Zufriedenheit. Hilfreich kann die »Informationsbroschüre für Vorgesetzte und Kollegen« von *autworker* sein.[20]

Die Menschen im Autismus-Spektrum brauchen Informationen darüber, welche Regeln im Arbeitsumfeld gelten und was sie in den Pausen tun können. Kollegen und Vorgesetzte benötigen Informationen darüber, wie Arbeitsaufträge zu übermitteln und Verhaltensweisen zu interpretieren sind. Eine klare, eindeutige Ausdrucksweise ist ebenso sinnvoll wie ein vorhersehbarer Arbeitstag.

Bewerbungen

Ob man im Bewerbungsverfahren die Diagnose offenlegen soll, ist eine schwierige Entscheidung. Rechtlich ist es nicht zwingend erforderlich (autismus Deutschland e. V., 2017). Allerdings können dann auch keine Hilfen beansprucht werden.

Sollte dies aber wichtig sein, empfiehlt sich, in der schriftlichen Bewerbung auf der 3. Seite des Lebenslaufs (»Was Sie über mich wissen sollten«) auf die Autismus-Spektrum-Störung aufmerksam zu machen. Zugleich kann

---

20 www.autworker.de/Downloads/autWorker%20Informationsbroschuere%20Autisten%20%20am%20Arbeitsplatz.pdf

man mitteilen, wie sich die individuellen Besonderheiten im Arbeitskontext zeigen können.

Ina Blodig gibt in ihrem Buch *Hochfunktionale Autisten im Beruf* ein gelungenes Beispiel für diese 3. Seite (2016, S. 43). Außerdem finden sich dort viele weitere nützliche Hinweise für eine gelungene Bewerbung und Tipps für das Vorstellungsgespräch.

Das Vorstellungsgespräch sollte geübt werden. Hier eignen sich Rollenspiele. Besonders wichtig sind die Antworten auf Fragen oder Aufforderungen wie: »Erzählen Sie etwas über sich!«

48. Frage: Wie kann die Freizeitgestaltung ein glückliches Leben unterstützen?

»Ich habe herausgefunden, dass ich an freien Tagen vor allem dann zur Ruhe komme und Glück empfinde, wenn ich drei Aspekte kombinieren kann: Genuss bzw. Entspannung, Aktivität und die dosierte sinnvolle Tätigkeit. Dann geht es mir am besten.« (Preißmann, 2014, S. 105)

Freizeit ist die Zeit, in der man nicht zur Schule und nicht zur Arbeit geht, in der man keine wichtige Hausarbeit erledigt oder Ärzte und Therapeuten aufsucht. Man nutzt sie, um sich zu erholen und seinen Interessen und Hobbies nachzugehen.

Ein Teil der Menschen im Autismus-Spektrum hat Interessen, denen sie sich mit Hingabe widmen und bei denen sie sich auch entspannen können. Nicht immer werden sie von anderen geschätzt. Doch was in der Freizeit sinnvoll ist und was nicht, ist eine kulturabhängige Wertung. Was einem gut tut und niemand anderen beeinträchtigt, ist eine gute Freizeitaktivität.

Einige Menschen im Autismus-Spektrum sind in der Lage, sich ihre Freizeit selbst so zu planen, dass die Qual der Wahl entfällt. Dann wird sie erholsam: »Eine anstrengende Woche in der Uni kann ich am besten kompensieren, indem ich das Wochenende zu Hause mit meinem ritualisierten Tagesablauf verbringe« (Schuster, 2007b, S. 274). Ihren Tagesablauf plant Nicole Schuster minutiös voraus, damit der Tag ihr Entspannung bringt.

»Mein Tagesplan macht keinen Unterschied zwischen Wochenenden, Feiertagen und Werktagen. Jeder meiner Zuhause-Tage läuft gleich ab und lässt sich auch

> *durch Dinge wie Weihnachten kaum ablenken. Gute Tage sind Tage, die plangemäß ablaufen, es sind ›Tage mit Wirsing‹.«* (ebd., S. 276)

Ohne diese Struktur ist sie verloren, wie sie es auch in ihrer Studentenzeit erlebt hat:

> »*Damals hatte ich keinen Ersatz finden können für mein festes Tagesschema, das ich zu Hause lebte. Ich wusste nichts mit meiner freien Zeit anzufangen und fühlte mich, als würde ich hilflos irgendwo zwischen Raum und Zeit schweben.*« (ebd., S. 277)

Das Verlorensein in der Strukturlosigkeit freier Zeitabschnitte, egal ob es sich um Wochenenden, Feiertage, Urlaub oder pandemiebedingte Arbeitsausfälle handelt, ist kein angenehmer Zustand.

> »*Die Schwierigkeit für ihn lag – und liegt bis heute – darin, dass er sich nicht zu beschäftigen weiß. Er hat keine Idee, wie er freie Zeit füllen kann.*« (Stahl, 2020, S. 12)

Das ist wohl kaum ein glücklicher Zustand, den die beiden da beschreiben. Andere Menschen im Autismus versinken in ihrer Freizeit in Stereotypien, schaukeln mit dem Oberkörper auf dem Sofa oder laufen ziellos im Flur auf und ab. Nun ist es sicher nicht notwendig, in der Freizeit immer nur entwicklungsförderliche Dinge zu tun. Viele Freizeitaktivitäten neurotypischer Menschen, denken wir nur an Fußball oder *Tatort* gucken, dienen allein der Entspannung und dem Vergnügen. Und das ist auch völlig in Ordnung.

Man könnte also die Frage stellen, was denn gegen Schaukeln mit dem Oberkörper einzuwenden sei. Ob es wirklich schlechter als Fernsehen sei?

Es geht aber gar nicht um eine Bewertung, sondern um die Frage, ob das Freizeitverhalten des Menschen im Autismus-Spektrum Alternativen kennt. Kann er auswählen aus einer Palette an Möglichkeiten oder tut er das Einzige, was er vermag?

Was hilft?

Freizeit ist Zeit für Erholung. Auch für Menschen im Autismus-Spektrum ist es wichtig, eine Balance zu finden zwischen Entspannung und Genuss sowie Anstrengung und dem Erreichen langfristiger Ziele.

48. Frage: Wie kann die Freizeitgestaltung ein glückliches Leben unterstützen?

Freizeitangebote machen
Im Falle der Alternativlosigkeit von Freizeitbeschäftigungen kann es die Lebensqualität verbessern, andere Optionen zu eröffnen. Wenn also jemand nach der Arbeit und am Wochenende immer nur auf der Couch sitzt und schaukelt oder puzzelt, sollte man ihm immer wieder andere Tätigkeiten anbieten. Anfänglich werden diese Aktivitäten nur kurz durchgeführt und eventuell auch unter Nutzung eines Motivationssystems, später dann auch als Wahlmöglichkeit. Es wäre also denkbar, eine Mappe mit Fotos, Piktogrammen oder Schriftkärtchen anzufertigen, die angenehme Freizeitaktivitäten darstellen. Sie könnten sogar noch einen farbigen Rahmen haben, der anzeigt, wie lange diese Aktivität dauert.

Ein grüner Rahmen steht für eine Aktivität, die einen ganzen Nachmittag einnimmt, wie ein Ausflug in den Tierpark. Ein gelber Rahmen steht für eine einstündige Aktion, wie Busfahren. Und dann gibt es noch einen orangenen Rahmen für kurze Aktivitäten, wie Musik hören. Am Tagesplan kann es grüne, gelbe oder orangene Kärtchen geben, so dass die Person weiß, aus welcher Gruppe sie auswählen könnte.

Aus verschiedenen Möglichkeiten auswählen
Wer nun aber annimmt, möglichst viele Angebote seien gleichzusetzen mit großer Zufriedenheit und Entscheidungsfreude, der irrt. Untersuchungen zeigen, dass eine kleinere Auswahl zu größerer Zufriedenheit und leichteren Entscheidungen führt (Kast, 2012).

Entscheidungen sind Stress. Viele Menschen im Autismus-Spektrum haben Schwierigkeiten mit dem Sich-Entscheiden. Man kann es üben. Wie immer beginnt man beim Erlernen einer Kompetenz mit dem Einfachen und erhöht langsam den Schwierigkeitsgrad.

Die einfachste Entscheidung ist die zwischen einer schönen und einer ganz schrecklichen Aktivität. Erst wer dies sicher beherrscht und nicht einfach immer wahllos das linke Bild wählt oder letzte Wort wiederholt, sollte üben, zwischen zwei gleichermaßen attraktiven Aktionen auszuwählen.

Je größer die Zahl der Möglichkeiten desto schwieriger die Auswahl. Am schwierigsten ist die freie, offene Wahl: Was möchtest Du heute Nachmittag tun? Da wären ja unzählige Dinge möglich! Mit jeder Entscheidung für eine Tätigkeit entscheidet man sich zugleich gegen unzählige andere, die vielleicht noch viel schöner gewesen wären.

Wenn Menschen von Entscheidungen überfordert sind, werden sie handlungsunfähig. Sie tun gar nichts. Sie werden vor Stress gereizt und aggressiv, wehren alles ab. Hier hilft es, den Entscheidungsspielraum einzuschränken. So unglaublich es klingt: Weniger Entscheidungsmöglichkeiten machen oftmals glücklicher als viele. Hilfen bei der Planung der freien Zeit können also Vorhersehbarkeit und damit Entspannung schaffen. Sie können dabei unterstützen, glücklicher zu sein.

49. Frage: Wie wohnen glückliche Menschen im Autismus-Spektrum?

»Im Alltag sind erwachsene autistische Menschen trotz normaler intellektueller Fähigkeiten häufig überfordert. So brauchen sie in Bezug auf Wohnen und alltägliche Notwendigkeiten, wie z. B. einkaufen, putzen, Finanzen regeln etc. Hilfestellungen von Eltern oder Betreuern.

Aus diesem Grund lebt ein großer Teil autistischer Menschen bei ihren Eltern, in Wohnheimen oder in betreutem Einzelwohnen.« (Gomolla, 2002, S. 19)

Wohnen hat eine so große Bedeutung für unser Leben, dass die Unverletzlichkeit der Wohnung sogar ins Grundgesetz aufgenommen wurde (Grundgesetzt, Art. 13). Die Wohnung ist der Ort, an dem eine Person ihren Lebensmittelpunkt hat, an dem sie schläft, isst, sich pflegt und erholt. Wohnungen sind individuell nach den Bedürfnissen und Vorlieben ihrer Bewohner gestaltet. Sie bilden oft die Basis für soziale Beziehungen, die in ihnen stattfinden.

Wie wohnen erwachsene Menschen im Autismus-Spektrum?

In einer Befragung von 421 Personen über 18 Jahre lebten rund

- 53 % bei den Eltern
- 35 % in gemeinschaftlichen Wohnformen und
- 8 % selbstständig (Dalferth & Baumgartner, 2008, S. 4).

Erwachsene im Autismus-Spektrum haben zumeist nicht die Möglichkeit, sich zwischen verschiedenen Wohnangeboten entscheiden zu können. Der Bedarf ist höher als das Angebot. Noch immer fehlen gute Wohnheimplätze, ist das Betreuungspersonal zahlenmäßig häufig unzureichend, nicht ausreichend qualifiziert und muss manchmal durch Leasingkräfte ergänzt werden. In vielen Einrichtungen gibt es Wartelisten.

49. Frage: Wie wohnen glückliche Menschen im Autismus-Spektrum?

Entwicklungsprozesse brauchen bei Menschen im Autismus-Spektrum manchmal länger. Es wäre gut, wenn es dafür mehr Zeit und Übergangslösungen wie folgende gäbe:

> »Jukka wünschte sich eine eigene Wohnung, fürchtete aber, dort allein nicht zurechtzukommen. Man erklärte auch mir geduldig, worum und wie es ging. Eine Trainingswohnung gab es im Bereich des Weidenhofs, Jukkas Zimmer wurde auch nicht weggegeben, bevor klar war, dass Jukka das Wohnen in der Trainingswohnung gefiel. Es gab keine zeitliche Begrenzung, man wollte sich Jukkas Rhythmus anpassen.« (Santalathi, 2004, S. 92f.)

Wohnen mit den Eltern

Das Wohnen bei den Eltern bringt vielen Erwachsenen im Autismus-Spektrum Vorteile. Sie haben regelmäßige soziale Kontakte mit Menschen, die ihnen wohlgesonnen sind. Es wird Rücksicht genommen auf ihre Routinen und ihr überempfindliches Wahrnehmungssystem, und sie bekommen Hilfe bei der Alltagsbewältigung. Allerdings bleiben sie so oft gefangen im Beziehungsgefüge von Eltern und Kind, das meist ein Abhängigkeitsverhältnis ist.

> »Derzeit kann ich mir auch noch nicht vorstellen, allein zu leben. Zweimal hatte ich es bisher versucht, als ich im Praktischen Jahr meines Studiums für jeweils vier Monate in zwei verschiedenen Mitarbeiter-Wohnheimen gewohnt hatte. Trotz dieser nur kurzen Zeitspanne begann ich dabei jeweils schon nach nur wenigen Tagen völlig zu vereinsamen und meine Eltern zu vermissen. Ich hatte in dieser Zeit fast gar keinen Kontakt zu anderen Menschen und entwickelte eine schwere depressive Phase.« (Preißmann, 2005, S. 10)

Gemeinschaftliche Wohnformen

Ca. ein Drittel der Erwachsenen im Autismus-Spektrum lebt in gemeinschaftlichen Wohnformen, teilweise mit einer 24-Stunden-Betreuung. Die Einrichtung, in der sie leben, ist meist nicht frei gewählt. Aufgrund der geringen Anzahl von Wohnplätzen ist diese Wohnform für Menschen im Autismus-Spektrum in aller Regel alternativlos. Das bedeutet, dass sie diese Form des Wohnens nicht aus einer Vielzahl verschiedener ausgesucht haben und sie sich nicht jederzeit für eine andere entscheiden können. Bei neurotypischen Erwachsenen ist das leichter möglich.

Bei diesen Wohngruppen handelt es sich damit um Zwangsgemeinschaften und nicht um Freunde, die eines Freitagsabends am Stammtisch beschlossen haben, den Rest ihres Lebens gemeinsam zu verbringen. Nicht selten leben in diesen Wohngruppen sogar Menschen auf engem Raum, die sich gar nicht mögen oder durch ihre Eigenheiten gegenseitig beeinträchtigen. Das Zusammenleben mit nicht passenden Mitbewohnern führt oft zu Konflikten (Klauß, 2008, S. 26). Konflikte machen jedoch nicht zufrieden.

Vorteile bestehen in der intensiven Hilfe und Unterstützung in allen Lebensbereichen und im stabilen sozialen Bezugsrahmen, der ihnen angeboten wird. Nachteile bestehen darin, dass sich durch diese Lebensumstände oft nur begrenzte Möglichkeiten für neue Erfahrungen ergeben. Oft gibt es nur wenig Kontakt zur »normalen Umwelt«. Für die Bedürfnisse von Menschen im Autismus-Spektrum gibt es oft zu viele kollektive und zu wenig individuelle Angebote (Klauß, 2008, S. 27). Wer möchte schon immer in der Gruppe frühstücken?

Eine andere Möglichkeit besteht in Wohngruppen, in denen es nur eine stundenweise Betreuung gibt. Hier ist die Gefahr der Vereinsamung im Vergleich zum selbstständigen Wohnen geringer. Die anfallenden Aufgaben kann man aufteilen, so dass die Betreuung zeitökonomischer ist. Auf der anderen Seite muss man sich als WG-Bewohner auf andere Menschen einstellen und Kompromisse machen.

Je älter die Bewohner im gemeinschaftlichen Wohnen werden, desto wahrscheinlicher wird es, dass bei ihnen demenzielle Störungen auftreten werden. Wenn das bekannt ist, sollte konzeptionell auf diese zu erwartende Entwicklung reagiert werden. Was passiert, wenn Menschen im Autismus-Spektrum dement werden? Wie kann gewährleistet werden, dass sie weiterleben dürfen, wo sie schon lange gelebt haben? Wie kann man ihnen also Sicherheit und Kontinuität bieten?

Betreutes Einzelwohnen
Im betreuten Einzelwohnen haben Menschen eine eigene Wohnung und werden im Stundenumfang von wöchentlich zwei bis 15 Stunden begleitet und betreut (Gödecker, 2008).

> »Ich habe schon mal in einer Außenwohnung gewohnt, war an die Wohngruppe angeschlossen, aber das hatte mir nicht gut gefallen, denn man kann ja auch in eine Notsituation herein geraten, und dann hilft einem niemand. Der Vorteil ist, dass man sich mit niemandem absprechen muss. Dann kann es auch passieren, dass man das Bad wochenlang nicht putzt.« (Weingarten, 2007, S. 42)

Der Vorteil besteht in der Unabhängigkeit, nachteilig ist die nicht immer verfügbare Unterstützung. Die Aufgaben der Betreuer sind unterschiedlich. Manchmal bestehen sie in einer direkten Hilfe, wie Körperpflege, Ernährung oder Freizeitgestaltung. Teilweise sind indirekte Hilfen nötig, wie Unterstützungen bei Kontakten mit Behörden und Ämtern, Wege und Reparaturen. Ein Teil der Stunden wird auch für Verwaltung und Organisation, also Berichte schreiben, Stunden beantragen usw. verwendet.

Es besteht bei dieser Wohnform die Gefahr der Überforderung. Manchmal können aus dieser Überforderung heraus in anderen Lebensbereichen, wie der Ausbildung oder der Arbeit, notwendige Leistungen nicht erbracht werden. Das selbstständige Wohnen bietet die größte Unabhängigkeit und Selbstbestimmung, erfordert aber auch die größten Kompetenzen bei der Haushaltsführung.

Was hilft?

> *»Vieles ist mit guter Unterstützung realisierbar, und auch die Lebensplanung autistischer Menschen muss sich in erster Linie an ihren eigenen Wünschen und Vorstellungen orientieren – damit sie alle ein schönes und glückliches Leben führen können.«* (Preissmann, 2020, S. 191)

Viele Menschen im Autismus-Spektrum brauchen Hilfe, um ihre eigenen Wohnbedürfnisse zu entwickeln und zu erkennen. Einige wissen nicht, was ihnen guttut. Sie selbst aber auch ihre Eltern brauchen allgemeine Informationen über die Möglichkeiten, die es gibt. Die Lebenshilfe bietet Beratungen zu diesem Thema an.[21]

Daneben müssen sich Eltern, Betreuer und Erwachsene im Autismus-Spektrum einen Überblick über die verfügbaren Angebote verschaffen. Welche Möglichkeiten des Wohnens haben die größte Übereinstimmung mit den Wünschen und Kompetenzen des Menschen im Autismus-Spektrum?

Der Bundesverband autismus Deutschland e.V. biete online Angebote und Gesuche.[22] Unterstützend kann der »Erhebungsbogen zum Bedarf an Begleitung und Hilfe« eingesetzt werden (Klauß, 2008, S. 156ff.).

Mit Hilfe des Persönlichen Budgets können auch für Personen mit umfangreichem Assistenzbedarf individuelle Wohnmöglichkeiten geschaffen werden. Allerdings erfordert das einen hohen Organisationsaufwand und die Überwindung vieler bürokratischer Hürden (Gellert, 2009).

Menschen im Autismus-Spektrum haben oft Wahrnehmungsbesonderheiten und brauchen spezielle Raumgestaltungen, um gut leben zu können.

---

21 www.lebenshilfe-berlin.de/de/wohnen/wohnberatung.php
22 www.autismus.de/service-und-materialien/wohnen-angebote-und-gesuche.html

Es existieren »Leitlinien für barrierefreie und autismusfreundliche Umgebungen«, an denen man sich orientieren kann.[23]

Sollten Menschen im Autismus-Spektrum eine Demenz entwickeln, kann mit Hilfe des Erfassungsbogens H.I.L.DE (Heidelberger Instrument zur Erfassung der Lebensqualität demenzkranker Menschen (Becker, Kaspar & Kruse, 2011) ihre Lebensqualität verbessert werden. So lässt sich auch bei Menschen, die nicht mehr differenziert kommunizieren können, herausfinden, was ihnen Wohlbefinden und damit Glück und Lebenszufriedenheit verschafft.

---

23 www.architekturundbarrierefreiheit.de/images/flyer-kessel_web.pdf

Literatur

A-Ghani, K. I. (2014): Das rote Dings. Rastatt: LIBELLUS Autismusverlag UG
Ammon, Ch. & Croonenbroeck, A. (2020): Lebensqualität erlernen. In: autismus verstehen, Heft 2, S. 14-19
Amorosa, H. (2010): Klassifikation. In: Noterdame, M. & Enders, A. (Hrsg.): Autismus-Spektrum-Störungen (ASS). Stuttgart: Kohlhammer, S. 19-30
Asperger, H. (1938): Das psychisch abnorme Kind. Wiener Klinische Wochenzeitschrift 51, 1314-1317
Asperger, H. (1944): Die autistischen Psychopathen im Kindesalter. In: Archiv für Psychiatrie und Nervenkrankheiten Heft 7, S. 76-136
Attwood, T. (2008): Ein ganzes Leben mit dem Asperger-Syndrom. Stuttgart: Trias
Attwood, T. (2015): Gefühle erkunden. Kognitive Verhaltenstherapie, um mit Wut und Angst umzugehen. Handbuch. St. Gallen: Autismusverlag
Attwood, T. (2015a): Gefühle erkunden. Arbeitsheft Angst. St. Gallen: Autismusverlag
Attwood, T. (2015b): Gefühle erkunden. Arbeitsheft Wut. St. Gallen: Autismusverlag
autismus Deutschland e.v. (2017): Ratgeber zu den Rechtsansprüchen von Menschen mit Autismus und ihrer Angehörigen. Online unter: www.autismus.de/fileadmin/RECHT_UND_GESELLSCHAFT/Broschuere_Rechte_von_Menschen_mit_Autismus_Stand_13Nov.pdf, 11.09.2020
Ayan, St. (2010): Der Jugendversteher. In: Gehirn & Geist, Heft 3, S. 14-17
Ayan, St. (2020): Keine Angst vor Ignoranz. In: Gehirn & Geist, Heft 12, S. 22-29
Avay, St. (2009): Bewegung für den Geist. In Gehirn & Geist, Heft 5, S. 35
Baker, J. (2014): Soziale Fotogeschichten für Kinder mit Autismus. Visuelle Hilfen zur Vermittlung von Spiel, Emotion und Kommunikation. Stuttgart: Kohlhammer
Barkley, R. A. (2005): Das große ADHS-Handbuch für Eltern: Verantwortung übernehmen für Kinder mit Aufmerksamkeitsdefizit und Hyperaktivität. 2. Aufl. Göttingen: Hogrefe-Verlag
Bartens, W. (2019): 14 Stunden am Tag vor der Kiste. *Tagesanzeiger.* Online unter: www.tagesanzeiger.ch/leben/gesellschaft/14-stunden-am-tag-vor-der-kiste/story/14250013, 12.01.2019
Bauerfeind, S. (2016): Ein Kind mit Autismus zu begleiten, ist auch eine Reise zu sich selbst. Norderstedt: BoD
Bauerfeind, S. (2020): Diagnose Autismus – wie geht's weiter? Norderstedt: BoD
Baumeister, R. & Tierney, J. (2014): Die Macht der Disziplin. 2. Aufl. München: Wilhelm Goldmann Verlag
Beardon, L. (2020): Avoiding Anxiety in Autistic Children. London: Sheldon Press
Becker, St.; Kaspar, R. & Kruse, A. (2011): H.I.L.DE. Bern: Hans Huber
Becker, Ch.; Kirchmaier, I. & Trautmann, St. T. (2019): Marriage, parenthood and social network: Subjective well-being and mental health in old age. https://journals.plos.org/plosone/article?id=10.1371/journal.pone.0218704, 14.04.20
Bellebaum, A. (Hrsg.) (2002): Glücksforschung. Konstanz: UVK

Literatur

Bentley, K. (2015): Allein zu zweit. Mein Mann, das Asperger-Syndrom und ich. Gockhausen: Wörterseh Verlag

Bergknapp, A. (2017): Optionen für einen konstruktiveren Umgang mit Ärger und Stress. In: Natho, F. (Hrsg.): Bildung ist mehr als Lernen. Congress Edition, S. 106-125

Bien, G. (1999): Glück – was ist das? Frankfurt a. M.: Josef Knecht

Bier, A. (1989): Zärtlichkeit und Sexualität autistischer Menschen. Weinheim: Deutscher Studienverlag

Bilek, E. (2020): Auf einer Wellenlänge. In: Gehirn & Geist, Heft 45, S. 46-53

Biller-Pech, Ch. (2004): Sexuelle Assistenz – Garant oder Zerstörung der Intimität. In: Walter, Joachim (Hrsg.): Sexualbegleitung und Sexualassistenz bei Menschen mit Behinderungen. Heidelberg: Universitätsverlag Winter, S. 43-48.

Birbaumer, N. & Zittlau, J. (2014): Dein Gehirn weiss mehr, als du denkst. Berlin: Ullstein Buchverlage GmbH

Bischof-Köhler, D. (2011): Soziale Entwicklung in Kindheit und Jugend. Stuttgart: Kohlhammer

Blakemore, S.-J. (2018): Das Teenager Gehirn. Frankfurt a. M.: Fischer

Bleuler, Eugen (1911): Dementia Praecox oder Gruppe der Schizophrenien. Leipzig und Wien: Franz Deuticke

Blodig, I. (2016): Hochfunktionale Autisten im Beruf. Paderborn: Junfermann Verlag

Boudesteijn, F.; van der Vegt, E. J. M.; Visser, K.; Tick, N. & Maras, A. (2016): Psychosexuelle Entwicklung bei Jugendlichen mit Autismus. Das Training »Ich bin in der Pubertät« (Handbuch)

Ich bin in der Pubertät! (Arbeitsbuch). St. Gallen: Autismusverlag

Bowlby, J. (2005): Frühe Bindung und kindliche Entwicklung. 5. Aufl. München, Basel: Ernst Reinhardt

Bormann-Kischkel, Ch. (2010): Familiäre Belastungen bei Autismus-Spektrum-Störungen. In: Noeterdaeme, M.; Enders, A. (Hrsg.): Autismus-Spektrum-Störungen (ASS). Stuttgart: Kohlhammer, S. 211-215

Brache, N. (2008): Das Häschen in der Grube. Ein langer Weg zur Diagnose. Bargdteheide

Brauns, A. (2002): Buntschatten und Fledermäuse. Hamburg: Hoffmann und Campe

Brealy, J. & Davies, B. (2009): So helfen Sie Ihrem autistischen Kind. Bern: Hans Huber

Brehm, B.; Schill, J. E.; Biscaldi, M. & Fleischhaker, Ch. (2015): FETASS – Freiburger Elterntraining für Autismus-Spektrum-Störungen. Berlin, Heidelberg: Springer

Bucher, A. A. (2009): Psychologie des Glücks. Weinheim, Basel: Beltz

Cabanas, E. & Illouz, E. (2019): Das Glücksdiktat. Berlin: Suhrkamp

Carsten (2010). In: Aspies e. V. (Hrsg.): Risse im Universum. Berlin: Weidler, S. 217-226

Cassidy, S.; Bradley, L.; Shaw, R. & Baron-Cohen, S. (2018): Risk markers for suicidality in autistic adults. https://molecularautism.biomedcentral.com/articles/10.1186/s13229-018-0226-4 (01.04.20)

Chabris, Ch. & Simons, D. (2010): Der unsichtbare Gorilla. München: Piper

Cepelewicz, J. (2019): Die Kristallkugel im Kopf. In Gehirn & Geist, Heft 9, S. 12-17

Clemens, A. (2019): Zocken für die Seele. In Gehirn & Geist 03, S. 74-79

Csikszentmihalyi, M.; Csikszentmihalyi, I.S. (Hrsg.) (1991): Die außergewöhnliche Erfahrung im Alltag. Stuttgart: Klett-Cotta

Csikszentmihalyi, M. (2014): Flow. Das Geheimnis des Glücks. Stuttgart: Klett-Cotta. 14. Aufl

Dalferth, M. (2002): Berufliche Bildung, soziale Eingliederung und erfolgreiche Beschäftigung von jungen Menschen mit autistischen Syndromen. In: Berufliche Rehabilitation, 16. Jg., Heft 6, S. 306

Dalferth, M. (2017): Zur Beschäftigungssituation von Menschen aus dem autistischen Spektrum in Deutschland und in westlichen Gesellschaften. In: autismus Nr. 83, S. 35-38

Dalferth, M. & Baumgartner, F. (2008): Wo leben erwachsene Menschen mit Autismus in Deutschland? In: autismus, Heft 65, S. 2-5

Damasio, A. R. (2003): Der Spinoza-Effekt. München: List-Verlag

Danne, H. (Hrsg.) (2010): Das ABA-Mutmachbuch. Ulm: Hermann Danne Selbstverlag

Deeg, J. (2018): Spiel ohne Grenzen. In: Gehirn & Geist. Heft 10, S. 64-71

Döhle, R. (2015): Spezialinteressen. In: Theunissen, G.; Kulig, W.; Leuchte, V. & Paetz, H. (Hrsg.): Handlexikon Autismus-Spektrum. Stuttgart: Kohlhammer, S. 345-347

Drimalla, H. (2015): Glück lass nach! In: Gehirn & Geist, Heft 7, S. 40-44

Ebert, D., Fangmeier, T., Lichtblau, A., Peters, J., Biscaldi-Schäfer, M., Tebartz van Elst, L. (2012): Asperger-Autismus und hochfunktionaler Autismus bei Erwachsenen. Das Therapiemanual der Freiburger-Studiengruppe (FASTER). Göttingen: Hogrefe

Eckert, A. (2004): Besondere Aspekte der Beratung von Eltern autistischer Kinder und Jugendlicher. In: Heilpädagogik online (2004) 03, 61-74 http://www.heilpaedagogik-online.com/2004/heilpaedagogik_online_0304.pdf

Elley, D. (2020): Autismus. 15 Dinge, die Dir niemand gesagt hat. Stuttgart: Trias

Faherty, C. (2012): Asperger ... Was bedeutet das für mich? Handbuch und Arbeitsordner. St. Gallen: Autismusverlag

Falkai, P. & Wittchen, H.-U. (Hrsg.) (2015) Diagnostisches und Statistisches Manual Psychischer Störungen DSM-5®. Göttingen, Bern, Wien: Hogrefe

Frances, A. (2013): Normal. Gegen die Inflation psychiatrischer Diagnosen. Köln: Dumont Buchverlag

Freihow, H. W. (2005): Lieber Gabriel. Freiburg im Breisgau: Herder

Freitag, Ch. M.; Kitzerow, J.; Medda, J., Soll, S. & Cholemkery, H. (2017): Autismus-Spektrum-Störungen. (= Leitfaden der Kinder- und Jugendpsychotherapie Bd. 24). Göttingen: Hogrefe

Frese, Ch. (2018): Das Bundesteilhabegesetz (BTHG) und die Rechte von Menschen mit Autismus. In: autismus 85, S. 6-19

Friedlmeier, W. (1999): Emotionsregulation in der Kindheit. In: Friedlmeier, W. & Holodynski, M. (Hrsg.): Emotionale Entwicklung. Funktion, Regulation und soziokultureller Kontext von Emotionen. Heidelberg, Berlin: Spektrum Akademischer Verlag, S. 197-218

Fröhlich, U.; Noterdaeme, M., Loos, B. & Buschmann, A. (2014): Elterntraining zur Anbahnung sozialer Kommunikation bei Kindern mit Autismus-Spektrum-Störung. München: Elsevier GmbH

Frost, L. & Bondy, A. (2011): Das Picture Exchange Communication System. 2. Aufl. Rodgau: Pyramid Educational Consultants

Fuchs, P. (2003): Liebe, Sex und solche Sachen. Konstanz: UVK Verlagsgesellschaft mbH

Gawronski, A., Pfeiffer, K. & Vogeley, K. (2012): Hochfunktionaler Autismus im Erwachsenenalter. Verhaltenstherapeutisches Gruppenmanual. Weinheim: Beltz

Gellert, K. (2009): Persönliches Budget und Autismus. Ansprüche, Erfahrungen, Hoffnungen und Ängste. Berlin: Weidler
Grandin, T. (1994): Durch die gläserne Tür. München: dtv
Grandin, T. (1997): Ich bin die Anthropologin vom Mars. München Knaur
Grandin, T. (2010): Ich sehe die Welt wie ein frohes Tier. 4. Aufl. Berlin: Ullstein
Gerland, G. (1998): Ein richtiger Mensch sein. Autismus – das Leben von der anderen Seite. Stuttgart: Verlag Freies Geistesleben
Gray, C. (2011): Comic Strip Gespräche. Illustrierte Interaktionen – Wie man Schülern mit Autismus und ähnlichen Beeinträchtigungen Konversationsfähigkeiten vermitteln kann. Arlington: Future Horizons
Gray, C. (2014): Das neue Social Story Buch. Überarb. und erweiterte Ausgabe zum 10. Geburtstag. St. Gallen: Autismusverlag
Gray, C. & Williams, J. (2006a): No fishing allowed. »Reel in« bullying. student workbook. Arlington: Future Horizons
Gray, C. & Williams, J. (2006b): No fishing allowed. »Reel in« bullying. teacher manual. Arlington: Future Horizons
Grob, A. & Jaschinski, U. (2003): Erwachsen werden. Weinheim, Basel, Berlin: Beltz
Gödecker, M. (2008): »Daheim statt Heim«. Leben in der eigenen Wohnung mit ambulantem Hilfesystem. In: autismus, Heft 65, S. 13-16
Gomolla, A. (2002): Der Lebensverlauf von Menschen mit Asperger Syndrom/High-Functioning Autismus www.aspergia.de/files/gomolla.pdf, 30.08.2020
Guhlmann, H., Herlan, L. & Sarimski, K. (2020): Großeltern von Kindern mit Down-Syndrom – Was bedeutet die Diagnose für ihr eigens (Er-)Leben? In: Zeitschrift für Heilpädagogik 71, S. 24-31
Hackenberg, W. (2008): Geschwister von Menschen mit Behinderung. München: Reinhardt
Harari, Y.N. (2018): Homo Deus. München: Beck Paperback
Hartmann, C. (2020): Sei dankbar! In Gehirn & Geist, Heft 11, S. 13-18
Haslam, C.; Steffens, N. K. & van Dieck, R. (2020): Die Heilkraft des Wir. Gehirn & Geist, Heft 08, S. 12-19
Häußler, A. (2016): Der TEACCH-Ansatz zur Förderung von Menschen mit Autismus. Einführung in Theorie und Praxis. 5. erw. Aufl. Dortmund: Verlag modernes Lernen
Herbrand, M. & Cercekoglu, C. (2012): Wenn ich tanzen will. Autismus zum Anfassen. Berlin: epubli GmbH
Hofmann, W. & Friese, M. (2010): Zwei Seelen, ach, in meiner Brust. In: Gehirn & Geist, Heft 11, S. 26-31
Hommen, D. (2019): Tugend, Lust und Laster. In: Gehirn & Geist, Heft 5, S. 18-21
Iland, L. (2006): Girl to Girl: Advice on Friendship, Bullying and Fitting In. In: Asperger's and Girls. Arlington: Future Horizons, S. 33-63
Kalbitzer, J. (2016): Digitale Paranoia. Online bleiben, ohne den Verstand zu verlieren. München: Beck
Kamp-Becker, I. & Bölte, S. (2011): Autismus. München, Basel: Reinhardt UTB
Kandel, E. R. (2018): Was ist der Mensch. München: Siedler
Kanner, L. (1943): Autistic Disturbances of Affective Contact. In: The Nervous Child, Jg. 3, Heft 2, S. 217-250
Kaufman, B. N. (1993): Ein neuer Tag. 2. Aufl. Bergisch Gladbach: Bastei Lübbe

Kast, B. (2012): Ich weiß nicht, was ich wollen soll. 2. Aufl. Frankfurt a. M. Fischer
Keenan, M.; Kerr, K. P. & Dillenburger, K. (2015): Eltern als Therapeuten von Kindern mit Autismus-Spektrum-Störungen. Stuttgart: Kohlhammer
Kessel, T. (2015): Empfehlungen und Leitlinien für barrierefreie und autismusfreundliche Schulen und Kindergärten. Stuttgart: Fraunhofer IRB Verlag
King, M. & Bearman, P. (2009): Diagnostic Change and the Increased Prevalence of Autism. In: International Journal of Epidemiology, 38, pp. 1124-1234
Kißgen, R. (2007): Eltern behinderter Kinder. Eine bindungstheoretische Betrachtung. In: Behinderte Menschen Heft 1, S. 28-38
Klauß, Th. (2008): Wohnen so normal wie möglich. Heidelberg: Universitätsverlag Winter
Klein, St. (2018): Die Ökonomie des Glücks. Berlin: Nicolai Publishing & Intelligence GmbH
Kliegel, M. & Ballhausen, N. (2018): Ein Gedächtnis für die Zukunft. In Gehirn & Geist, 2, S. 26-29
Korber, T. (2012): Ich liebe dich nicht, aber ich möchte es mal können. 2. Aufl. Berlin, Ullstein
Köppel, I. (2014): Alltägliche Irrungen und Verwirrungen aus dem Leben einer Autistin. St. Gallen: Autismusverlag
Kultusministerkonferenz (1994): Empfehlung zur sonderpädagogischen Förderung in den Schulen in der Bundesrepublik Deutschland. Beschluss der Kultusministerkonferenz vom 06.05.1994. Zugriff unter: www.kmk.org/fileadmin/veroeffentlichungen_beschluesse/1994/1994_05_06-Empfehl-Sonderpaedagogische-Foerderung.pdf, 22.03.19
Lache, L. (2016): Sexualität und Autismus. Gießen: Psychosozial-Verlag
Lambeck, S. (1992): Diagnoseeröffnung bei Eltern behinderter Kinder. Göttingen, Stuttgart: Verlag für angewandte Psychologie
Lefèvre, F. (1997) Schwarze Wolke Niemandsland. Weinheim, Berlin: Quadriga Verlag
Lewis, C. (2010): Mein Wunderkind. München: Gerth Medien
Lexhed, J. (2010): Wenn Liebe allein nicht reicht. München: Südwest Verlag
Lindmeier, Ch.; Sagrauske, M.; Drescher, I. & Feschin, Ch. (2020): Überblick über die Zuordnung des Autismus-Spektrums (AS) zu den sonderpädagogischen Förderschwerpunkten in den 16 Bundesländern. In: Zeitschrift für Heilpädagogik, Heft 10, S. 488-502
Lingg, A. & Theunissen, G. (2008): Psychische Störungen und Geistige Behinderungen. Freiburg im Breisgau: Lambertus
Lipinski, S. (2020): Autismus. Köln: BALANCE Buch & medien
Lipton, B. H. (2018): Intelligente Zellen. 4. erweiterte Neuaufl. Dorfen: KOHA
Lyubomirsky, S. & Jacobs Bao, K. (2013): Ein Stück vom Glück. In: Gehirn & Geist, Heft 12, S. 24-28
Maus, I. (2013): Mami, ich habe eine Anguckallergie. Leipzig: Engelsdorfer
Maus, I. (2014): Anguckallergie und Assoziationskettenrasseln. Mit Autismus durch die Schulzeit. Leipzig: Engelsdorfer
Max-Planck-Gesellschaft (2015): Macht das erste Kind unglücklich, kommen seltener Geschwister. Online unter: www.mpg.de/9338415/eltern-zufriedenheit-geburt, 14.04.2020
Mecky Zaragoza, G. (2012): Meine andere Welt. Mit Autismus leben. Göttingen: Vandenhoeck & Ruprecht

Literatur

Merz, S. (2016): In: Preißmann, Ch.: Glück und Lebenszufriedenheit für Menschen mit Autismus. Stuttgart: Kohlhammer, S. 38-39

Mesibov, G.; Schopler, E., Schaffer, B. & Landrus, R. (2016): AAPEP. Entwicklungs- und Verhaltensprofil für Jugendliche und Erwachsene. 2. Aufl. Dortmund: Verlag modernes Lernen

Mesibov, G.; Thomas, J. B.; Chapman, S. M. & Schopler, E. (2017): TTAP. TEACCH Transition Assessment Profile. Förderdiagnostisches Kompetenzprofil für Jugendliche und Erwachsene auf dem Weg in die Selbstständigkeit. Dortmund: Verlag modernes Lernen

Miksch, A. (2004): Fünf Jahre U-Bahn-Club. In: Hilfe für das autistische Kind, Regionalverband München e. V. (Hrsg.): Autistische Kinder brauchen Hilfe. 8. Aufl., S. 53-54

Mischel, W. (2014): Der Marshmallow Test. München: Siedler

Müller, Ch. M. (2008): Wahrnehmung bei Autismus. Stärken, Probleme und Förderung. In: Zeitschrift für Heilpädagogik, Heft 10, S. 379-388

Neumärker, K.-J. (2010): »... der Wirklichkeit abgewandt«. Berlin: Weidler

Newmann, J. (2017): Hey Siri, willst Du mich heiraten? Frankfurt a. M.: Fischer

o.A. (2020): Nachahmen erwünscht. In: Gehirn & Geist, Heft 08, S. 7

Oerter, R. & Montada, L. (1998): Entwicklungspsychologie. 4. Aufl. Weinheim: Psychologie Verlags Union

Papoušek, M. (1998): Vom ersten Schrei zum ersten Wort. 2. Aufl. Bern, Göttingen, Toronto, Seattle: Hans Huber

Paul, C. (2016): Geschichten, die glücklich machen. Insel Taschenbuch 4296. 8. Aufl. Berlin: Insel Verlag

Petermann, F.; Koglin, U.; Natzke, H. & v. Marées, N. (2007): Verhaltenstraining in der Grundschule. Ein Präventionsprogramm zur Förderung emotionaler und sozialer Kompetenzen. Göttingen, Toronto, Zürich: Hogrefe

Pinker, St. (2011): Wie das Denken im Kopf entsteht. Frankfurt a. M.: Fischer Taschenbuch

Ploog, D. (2012): Ich, der andere und mein Wille. Anmerkungen zur Theory of Mind. In: Förstel, H. (Hrsg.): Theory of Mind. Neurobiologie und Psychologie sozialen Verhaltens. 2. überarb. und aktualisierte Aufl. Berlin, Heidelberg: Springer, S. 429-440

Precht, D. (2007): Wer bin ich und wenn ja, wie viele? 26. Aufl. München: Goldmann

Preißmann, Ch. (2005): ... und, dass jeden Tag Weihnachten wär'. Berlin: Weidler

Preißmann, Ch. (2009): Psychotherapie und Beratung bei Menschen mit Asperger-Syndrom. 2. überarb. u. erweiterte Aufl. Stuttgart: Kohlhammer

Preißmann, Ch. (2013): Überraschend anders – Mädchen und Frauen mit Asperger. Stuttgart: Trias

Preißmann, Ch. (2015): Gut leben mit einem autistischen Kind. Stuttgart: Klett-Cotta

Preißmann, Ch. (2016): Glück und Lebenszufriedenheit für Menschen mit Autismus. Stuttgart: Kohlhammer

Preissmann, Ch. (2020): Mit Autismus leben. Stuttgart: Klett-Cotta

Prince-Hughes, D. (2005): Heute singe ich mein Leben. Berlin: Ullstein

Raine, A. (2015): Kaltherzig. In Gehirn & Geist, Heft 3, S. 60-64

Remschmidt, H. (1992): Adoleszenz. Stuttgart, New York: Thieme

Remschmidt, H. (1995): Krisenintervention bei autistischen Kindern und Jugendlichen. In: Autismus und Familie. Tagungsbericht der 8. Bundestagung. Hamburg: Bundesverband »Hilfe für das autistische Kind« e. V., S. 176-185

Retzbach, J. (2018): Von der Seele zur Psyche. In Gehirn & Geist, Heft 7, S. 36-41
Reynolds, K. E. (2016): Dinge, die Lens Spaß machen. St. Gallen: Autismusverlag
Reynolds, K. E. (2016): Dinge, die Tom Spaß machen. Ein Buch zum Thema Sexualität und Masturbation bei Buben und jungen Männern mit Autismus. St. Gallen: Autismusverlag
Reynolds, K. E. (2016): Was passiert mit Lena? St. Gallen: Autismusverlag
Rohmann, U. H. & Hartmann, H. (1988): Autoaggressionen. Grundlagen und Behandlungsmöglichkeiten. Dortmund: Verlag modernes Lernen
Rubner, J. & Falkai, P. (2017): Das Glück wohnt neben dem Großhirn. Wie unser Kopf unsere Gefühle steuert. München: Piper
Santalathi, S. (2004): Leben mit high-functioning-autism. Berlin: Weidler
Sappok, T. & Zepperitz, S. (2018): Emotionale Entwicklung als Schlüssel zum Verständnis von Verhalten bei Menschen mit geistiger Behinderung. In: Behinderte Menschen 1, 41, S. 47-52
Sarimski, K., (2005): Psychische Störungen bei behinderten Kindern und Jugendlichen. Hogrefe, Göttingen
Sarimski, K. & Ritzenthaler, A. (2020): Schulbegleiter von Schülerinnen und Schülern mit Autismus-Spektrum-Störung – eine bedarfsgerechte Unterstützung? In: Zeitschrift für Heilpädagogik, Heft 10, S. 503-515
Scarpa, A.; Wells, A. & Attwood, T. (2016): Die Gefühle erforschen. Tübingen: dgvt-Verlag
Schatz, Y. & Schellbach, S. (2008): Jemand so wie ich. Nordhausen: Verlag Kleine Wege
Schäfer, S. (1997): Sterne, Äpfel und rundes Glas. Mein Leben mit Autismus. Stuttgart: Freies Geistesleben
Scheele Knight, M. (2013): Tomorrow Can Wait. Exploring Europe with Our Autistic Child. Villa Park, IL: Munchkin Bunchkin Books
Schirmer, B. (2019): Nur dabei zu sein reicht nicht. Stuttgart: Kohlhammer
Schirmer, B. (2021): Elternleitfaden Autismus. 3. Auf. Stuttgart: Trias
Schirmer, B. & Alexander, T. (2015): Leben mit einem Kind im Autismus-Spektrum. Stuttgart: Kohlhammer
Schlitt, S.; Berndt, K. & Freitag, Ch. M. (2015): Das Frankfurter Autismus-Training (FAUT-E). Stuttgart: Kohlhammer
Schmidt, P. (2013): Der Junge vom Saturn. Ostfildern: Patmos Verlag
Schmidt, P. (2020): Aus dem Rahmen gefallen. Ostfildern: Patmos Verlag
Schovanec, J. (2015): Durch den Wind. Zürich: sphères
Schreiter, D. (2015): Schattenspringer. Per Anhalter durch die Pubertät. Stuttgart: Panini Comics
Schuster, N. (2007): Asperger-Syndrom und Lernen. Probleme und geeignete Hilfen in der Schule und in der Ausbildung. Vortrag beim Autismus-Fachtag in Fürstenwalde. www.vds-in-brandenburg.de/html/gb.html, 27.09.07
Schuster, N. (2007b): Ein guter Tag ist ein Tag mit Wirsing. Berlin: Weidler
Schymanski, I. (2015): Im Teufelskreis der Lust. Stuttgart: Schattauer GmbH
Seligmann, M. (2015): Wie wir aufblühen. Die fünf Säulen des persönlichen Wohlbefindens. 4. Aufl. München: Wilhelm Goldmann Verlag
Seng, H. (2013): Ein autistisches Leben leben. 3. überarb. Aufl. Hamburg: autWorker
Sinijedali (2010): Blau. Farbe der Ferne. In: Aspies e.V.: Risse im Universum. Berlin: S. 193–215

Sitar-Wagner, G. (2011): Dem Leben entgegen. Innsbruck: Zugpferd-Verein
Snippe, K. (2013): Autismus. Wege in die Sprache. Idstein: Schulz-Kirchner-Verlag
Solomon, A. (2013): Weit vom Stamm. Wenn Kinder ganz anders als ihre Eltern sind. Frankfurt a. M.: Fischer
Sommer, Ph. (2020): Übergang in ein neues Leben. In: autismus verstehen, Heft 2, S. 8-9
Sommerhalder, A. (2014): Autismus: Die Medaille und ihre Kehrseite. In: Flaschenpost, 14, S. 3-8
Soulis, S.-G.; Koletsa, K. & Kessler-Kakoulidis, L. (2017): Das Wohlbefinden und die Wahrnehmungen von griechischen Eltern mit Kindern mit Autismus-Spektrum-Störung oder Blindheit. In: Zeitschrift für Heilpädagogik 68, S. 294-306
Spitzer, M. (2014): Digitale Demenz. München: Droemer
Stachura, E. (2009): Allein. In: Gehirn & Geist, Heft 10, S. 49-52
Stahl, L. (2020): Simon, das Asperger-Syndrom und unser alltäglicher Wahnsinn. München: Reinhardt
Strauch, B. (2003): Warum sie so seltsam sind. Berlin: Berlin Verlag
Teriete, M. (2020): Systemische Beratung bei Autismus. Stuttgart: Kohlhammer
Theunissen, G. (2018): Autismus und ADHS. In: Zeitschrift für Heilpädagogik 9, S. 411-424
Theunissen, G. & Feschin, Ch. (2019): Vulnerabilität, traumatische Erfahrungen, Stresserleben und Bewältigungsmöglichkeiten bei Jugendlichen im Autismus-Spektrum. In: autismus, Heft 87, S. 6-16
Theunissen, G. & Sagrauske, M. (2019): Pädagogik bei Autismus. Stuttgart: Kohlhammer
Tomasello, M. (2010): Warum wir kooperieren. Berlin: Suhrkamp
Tröster, H. & Lange, S. (2019): Eltern von Kindern mit Autismus-Spektrum-Störungen. Wiesbaden: Springer
Vermeulen, P. (2002): Ich bin etwas Besonderes. Arbeitsmaterialien für Kinder und Jugendliche mit Autismus/Asperger-Syndrom. Dortmund: Verlag modernes lernen
Vogeley, K. (2012): Anders sein. Weinheim, Basel: Beltz
Von Hirschhausen, E. (2009): Glück kommt selten allein ... Reinbek: Rowohlt Verlags GmbH
Von Juterczenka, M. (2017): Wir Wochenendrebellen. Wals bei Salzburg: Benevento Publishing
Wagatha, P. (2006): Partnerschaft und kindliche Behinderung. Hamburg: Verlag Dr. Kovač
Wagner, L. (2018): Der Junge, der zu viel fühlte. München: Europaverlag
Weingarten, St. (2007): Neues über Autismus. In: autismus, Heft 64, S. 42
Weishaupt, E.; Krebber, Th.; Strelow, B. & Zwingmann, Ch. (2019): Belastungsempfinden von Eltern eines Kindes mit einer Autismus-Spektrum-Störung. In: autismus 88, S. 6-12
Witte, M. M. (2016). In: Preißmann, Ch.: Glück und Lebenszufriedenheit für Menschen mit Autismus. Stuttgart: Kohlhammer, S. 87-89
Wolf, Ch. (2011): Die Last des Älterwerdens. In Gehirn & Geist, Heft 9, S. 14-19
Zawacki, A. (2019): Eltern von Kindern mit Asperger-Autismus. Opladen, Berlin, Toronto: Barbara Budrich
Zimmermann, S. (2013): Die Gesetze der Freundschaft. In: Gehirn & Geist, Heft 5, S. 30-36